| 류큐로 보는 한·중·일 해양 삼국지 |

중국의 습격

| 류큐로 보는 한·중·일 해양 삼국지 |

중국의 굿거리

강효백 지음

1판 3쇄 발행 | 2012. 12. 1

발행처 | **Human & Books**
발행인 | 하응백
출판등록 | 2002년 6월 5일 제2002-113호
서울특별시 종로구 경운동 88 수운회관 1009호
기획 홍보부 | 02-6327-3535, 편집부 | 02-6327-3537, 팩시밀리 | 02-6327-5353
이메일 | hbooks@empal.com

값은 뒤표지에 있습니다.
ISBN 978-89-6078-133-7 03910

| 류큐로 보는 한·중·일 해양 삼국지 |

중국의 습격

강효백 지음

Human & Books

질풍노도의 중국
—대한민국은 무엇을 하여야 하는가

강대한 기골을 갖춘 북방의 강자, 삼국 중에서 가장 국력이 강했던 고구려가 왜 패망하고 신라가 삼국을 통일했을까? 나는 어린 시절부터 국사를 배우면서 이 문제에 강한 의문을 가지고 있었다. 신라 내부 역량 총결집—화랑도 등에 의한 정신적·군사적 무장, 김춘추의 외교적 노력, 김유신의 군사적 활약 등—이 백제와 고구려를 차례로 패망시키고 신라가 삼국통일을 이룬 원동력이었을까? 일부는 그렇다고 할 수 있다. 연개소문 사후 고구려는 내분에 휩싸였고, 백제 의자왕의 조정 역시 심각한 갈등이 있었다. 이에 비해 당시 국력이 가장 약했다고 볼 수 있는 신라는 위기의식 속에서 모든 구성원들이 힘을 합쳐 삼국통일을 이룩할 수 있었다. 하지만 그것이 다일까?

6세기 말 수나라는 약 300년간의 남북조 혼란시대를 진정시키고 중원의 패자로 등장했다. 수 양제는 지원군까지 합하면 지금까지도 인류 전쟁 사상 최대의 대군이라 할 수 있는 약 300만의 인원을 동원해 고구려를 침략했다. 당시 수나라의 인구는 약 4000만 정도로 추측되는데 인구의 거의 10%에 해당하는 인적 자원을 동원해 고구려를 침략했던 것이다. 하지만 고구려는 이 침략을 잘 막아냈다. 계속되는 수나라의 재침에도 고구려는 성공적으로 국토를 지켜냈다. 역사학자들에 따르면 당시 고구려 인구는 약 300만에서 400만 명으로 추정할 수 있다. 즉 국력이 약 10배인 대국과 상대해서 여러 차례의 수비전을 승리로 이끌었던 것이다. 수나라는 고구려 침략 실패와 운하 건설이라는 두 가지 국책 사업에 너무 심혈을 기울인 나머지 40년 만에 망국의 길을 걷고 말았다.

　이어 중국의 패자가 된 것은 이세민의 당나라였다. 20대 후반에 형과 아우를 죽이고 당나라의 실권자가 된 이세민, 즉 당 태종은 실질적인 당나라의 창업자였다. '정관의 치'로 알려진 이세민의 정치는 당나라를 안정시켰지만 이세민 역시 고구려 정벌에 실패하여 치명적 오점을 남기고 만다. 요컨대 고구려는 중원 패자(覇者)들의 무덤이었던 것이다.

　그렇다면 왜 중국은 온 국력을 기울여 그토록 집요하게 고구려를 침략했던 것일까? 한마디로 말하면 중국을 위협할 정도로 고구려가 강성했기 때문이다. 7세기 초·중반으로 한정하면 당시 신흥국 당나라는 두 개의 강력한 위협 세력, 즉 서남쪽의 토번과 동북쪽의 고구려를 상대해야 했다. 티베트 지역을 통일하며 강력한 왕조를 건설한 송첸캄포의 토번은 고구려를 능가하는 강력한 군사력을 가지고 있었다. 당나라는 온건책과 강경책을 병행했다. 양쪽 전선을 감당하는 것은 당나라에게도 벅찬 일이었던 것이다. 당나라는 토번에게 문성공주를 시집보내는 등의 유화책을 사용하는 한편, 고구려에게는 강경책을 구사했다. 하지만 고구려는 강했다. 정면대결로는 함락되지 않는 철옹성이었다.

이때 당나라에게는 하나의 실마리가 보이기 시작했다. 바로 신라였다. 신라는 약소국이지만 고구려의 전선을 남북으로 나눌 수 있는 이점이 있었다. 먼저 백제를 점령하고 다음 신라와 함께 고구려를 남북 양쪽 전선에서 공략한다면? 이것이 바로 당나라의 고구려 정벌 전략이었다고 할 수 있다.

이 전략에 따라 660년 백제를 멸망시킨 당나라는 668년 고구려를 멸망시켰다. 당나라는 애초에 신라까지 정벌할 뜻이 있었으나 신라의 단합된 힘은 당나라 세력을 한반도에서 물리치는 데 성공했고, 당나라는 측천무후의 정변에 따른 복잡한 내정 때문에 신라를 집요하게 침략할 수 없었다. 이후 신라는 노련한 외교술로 당나라와 화친관계를 맺는 데 성공했고, 신라에 의한 한반도 일국 체제는 안정적인 기반을 유지할 수 있었던 것이다.

이러한 삼국통일의 과정을 우리 입장에서 본다면, 두 가지 결론을 도출할 수 있다. 첫째는 국제정세의 면밀한 파악, 둘째는 내부적 역량의 집결. 고구려는 최대의 강국이었음에도 결과적으로 이 두 가지 측면에서 실패함으로 인해 패망의 길을 걸었다. 백제도 대동소이하다. 신라는 약소국이었지만, 국제정세를 잘 이용하고 내부의 역량을 결집함으로써 결국은 한반도의 지배자가 되었다. 이 이야기가 이 책의 서문에 왜 등장하느냐고?

지금 한반도는 어떠한가? 7세기의 당나라보다 훨씬 강력한 중국이 G2로 부상했다. 일본은 힘이 약화되었다고는 하나 여전한 경제대국이며,

해·공군력은 한국군을 압도한다. 미국은 여전히 세계 최고의 경제 군사 대국이다. 한반도를 둘러싼 러시아의 영향력 또한 무시할 수 없다. 그럼에도 한반도에는 남과 북의 대치 상황이 65년을 넘기고 있다. 북한은 김정일 사후 김정은 3대 세습 체제가 어떻게 연착륙할지 아직은 알 수 없는 상황이다. 순식간에 북한은 내부적 상황으로 인해 급변할 수도 있다. 최근 《아사히신문》은 북한에 만약의 사태가 발생하면 2시간 안에 중국군이 평양에 진입 가능하다는 보도를 하기도 했다(2012년 1월 29일자). 그리고 연일 중국 관련 기사가 보도된다. 우리 바다를 지키는 해경이 사망하고 중국 선원들에게 해경이 구타당해 나포한 배를 빼앗기고…….

도대체 지금 한반도는 어떠한 상황인가? 한반도 역사에 지대한 영향을 미친 중국의 속내는 과연 무엇인가? 우리는 이 상황에서 어떻게 해야 하는가? 나아가 대한민국이 신라의 길로 갈 것인가, 고구려의 길로 갈 것인가? 북한은 어떻게 될 것인가?

이 책이 이 모든 것을 다 말할 수는 없다. 하지만 분명한 것은 신라의 삼국통일과 고구려의 멸망이 7세기 중반 동아시아만의 일이었다면, 21세기 초반 한반도의 정세는 세계적이라는 점이다. G2의 각축장이며 최전선인 한반도, 여기에 사는 우리는 과연 어떤 생각으로 어떻게 살아야 하는가?

숨은그림찾기를 한 적이 있는가? 다른 그림에 둘러싸여 있는 숨은 그림을 발견하고는 섬광처럼 스쳐가는, 깨달음 같은 것을 경험한 적이 있는가? 탐구하는 쾌감도 이런 숨은그림찾기에서 발견하는 과정과 일맥상통하다는 생각이다.

20년 전, 한중수교를 몇 달 앞두고 나는 처녀작 《동양스승 서양제자》(1992년)를 저술하면서 일종의 숨은그림찾기에 몰두하고 있었다.

"한국과 중국과 일본, 동북아 3국을 비롯한 동아시아, 나아가 전태평양 연안지역의 세력판도를 결정하는 역사(시간의 씨줄)와 지리(공간의 날줄)의 십자가를 이루는 교차부위는 과연 무엇인가?"

이를 화두 삼아 동서고금의 온갖 문헌을 독파할 태세로 뇌즙을 짜내듯 골머리를 싸매던 어느 봄날 밤. 머릿속이 갑자기 환해지며 단도처럼 짧은 외마디가 꽃망울 터지듯 튀어 나왔다.

"지금의 오키나와, 류큐(琉球, Ryukyu)!"

그 순간 나는 왜 고대 그리스의 아르키메데스가 목욕탕에서 알몸으로 뛰쳐나와 '유레카(Eureka)'를 외쳤는지 알 것만 같았다. 이전까지 간파하지 못했던 여러 요소 사이의 연결고리를 포착할 수 있는 상태로 도약하는, 역사·지리적 재발견의 통쾌함과 비장함에 전율하였다.

그러했다. '불침항공모함' 일본함은 류큐(일본명은 오키나와)에서 다섯 번쯤 키를 크게 돌렸다. 임진왜란 전후부터 도쿠가와 막부, 메이지 유신, 류큐병탄과 제국주의 출범, 태평양전쟁, 오키나와 반환에 이르기까지 일본의 팽창과 수축, 대전환이 이루어진 시공의 바다는 모두 류큐 해역이었다. 일본이 '가오리연'이라면 류큐는 '가오리연의 꼬리'이다. 일본은 류큐를 확보한 그만큼 오르막, 팽창으로 치닫고, 류큐에 손상을 입은 그만큼 내리막, 축소에 접어들었다.

이러한 내용을 졸저 중 한 개 장(章) "좁은 중국 넓은 일본"에서, 류큐를 둘러싼 일본 제국주의 동선 변화에 초점을 맞추어 다루어 보았다. 그리고 20년 후 잠에서 깨어난 중국의 대반격이 류큐에서부터 출발하리라는

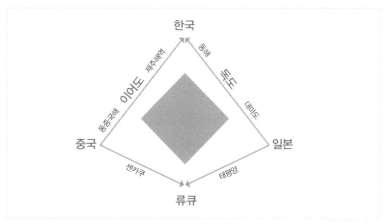

다이아몬드 한·중·일·류 해양공방도

예견을 곁들인 바 있었다.

강산이 두 번 변하는 세월이 탄환처럼 지나갔다. 국제정세와 한·중·일 동북아 역학관계는 상전이 벽해한 수준으로 격변하였다. 놀랍게도 류큐에 관한 예견은 적중하고 있다. 그리하여 나는 다시 일본의 행각보다는 중국의 팽대에 주안점을 두어 류큐에 관한 글을 새롭게 쓰고자 했고 그것이 바로 이 책이다.

요즘 중국은 30년 전의 중국이 아니다. 마치 300년 전의 천상천하 유아독존 시절의 대청제국 같다. 점(點)을 돌려달라는 게 아니라 선(線)과 면(面)을 통째로 삼키고 싶다고 공공연히 부르짖고 있기 때문이다. 흔히 알려진 대로 중국은 지금 중일 분쟁의 초점이 되고 있는 센카쿠(중국명, 댜오위다오)만 원하고 있는 게 아니다.

최근 중국 각계에서는 센카쿠뿐만 아니라 오키나와 본도를 포함한 류큐군도 140여 개 섬 모두가 중국 것이라는 목소리가 갈수록 높아 가고 있다. 일본 메이지 정부의 강압에 의한 류큐병탄, 미국의 오키나와 반환 등은 국제법상 근거가 없으니, 류큐를 송두리째 중국에 반환해달라고 한다. 즉, 중국은 지금 센카쿠라는 진주 알갱이 하나를 달라는 게 아니라 류큐라는 진주목걸이를 전부 차지하고 싶다는 것이다.

　후진타오가 중국의 해양대국을 선포한 2006년 이후 류큐의 독립 지원 또는 류큐의 중국 반환에 관한 수십 편의 논문을 비롯한 언론과 학계의 주장들이 우후죽순처럼 늘어나고 있다. 이에 대해 현재 중국 당국은 묵인을 넘어 조장 내지 권장하고 있다는 동향마저 감촉되고 있다. 도대체 중국의 이런 움직임은 무엇을 의미하는 것인가?

　지금의 중국은 전대미문의 중국이다. 이제까지 중국은 광대한 영토와 유구한 역사 속에서 문화와 문명을 꽃피우며 대륙의 종주국이자 세계의 중심국가로 자처해 왔지만 해양 진출을 통한 제국의 팽창을 모색한 적은 거의 없다. 그런데 21세기 중화제국의 야망은 18세기의 대청제국은 물론 질풍노도의 쾌속으로 세계를 정복한 13세기의 대원제국마저도 넘어설 정도이다. 만주족이나 몽골족 등 북방소수민족이 아닌 주류민족 한족(漢族)이, 기존의 대륙국가도 모자라 해양제국까지 추구하며 정치와 군사, 무역과 경제, 금융과 자원, 과학기술, 역사와 문화 등 전방위 전천후 팽창주의로 줄곧 질주하고 있기 때문이다.

　찬란한 중화제국의 부활을 꿈꾸는 중국은 팽창과 수렴을 반복하며 지역개발전략과 대외정책의 주력방향을 연계하여 전환시키는 특유의 궤적을 보여 왔다. 제1세대 마오쩌둥은 서남방 확장에, 제2세대 덩샤오핑은 동남방 진출에, 제3세대 장쩌민은 서북방 개발에 주력했다면 제4세대 후진 타오는 동북방 진출에 몰두하여 왔다. 그렇다면 금년 10월에 출범할 시 진핑을 핵심으로 하는 제5세대의 대외정책 주력방향은 어디로 향할 것인가?

칼 마르크스는 이렇게 말했다. "지역 패권에는 육지만으로 충분하다. 그러나 세계 패권을 차지하기 위해서는 해양의 장악이 필수이다."

현 시기를 지역 강대국에서 '글로벌 파워'로 부상하는 과도기로 인식하고 있는 중국은 경제력과 군사력을 강화함과 동시에 주변 지역, 특히 동아시아 지역에서의 영향력을 유지·확대해나가는 것을 전략적 과제로 파악하고 있다. 중국 고유의 사상 체계인 중화사상을 앞세워 세계 질서까지 재편하려는 제5세대 중화제국은 우선 인접한 류큐와 북한, 수륙양용의 동진정책을 가속화할 것이 분명해 보인다.

뭍으로는 동북3성개발이라는 지역개발전략을 넘어 '북한의 동북 4성화'라는 제4세대 후반기부터 노골화된 대외팽창 노선을 계승 발전시킬 것이다. 바다로는 서사군도와 남사군도를 기습 점령한 덩샤오핑의 능란한 해양진출전략을 이어받아 류큐 체인을 돌파하려고 할 것이다. 만일 중국이 류큐 해역을 장악하게 된다면 우리나라의 대외무역항로의 명맥은 끊겨지고 제주-이어도 해역은 중국의 내해로 변해버릴 수 있다.

더구나 지난해 일련의 사건과 징조들, 중국 관공선의 제주-이어도해역 침입, 중국의 첫 항공모함 취항과 대규모 항공모함기지건설계획, 제주해군기지 건설에 대한 중국과 한국내 일부세력의 반대, 중국불법어민의 한국 해경 살해사건, 김정일의 사망에 이은 중국군의 북한 파병설 등등 중국의 야욕은 갈수록 노골화되고 한반도와 주변 해역의 위험은 갈수록 현재화되고 있다.

우리나라를 사이에 두고 동서에 위치한 일본과 중국의 해양제국주의 노선은 한국의 해역을 잘라내는 가위의 양날이다. 중국과 일본에 한국은 점점 숨통이 막혀가는 것처럼 보인다. 그런데도 우리 위정자들은 원유의 99%가 들어오는 항로를 지키는 디딤돌인 제주해군기지 건설 예산을 전액 삭감하는 등 해군의 중요성을 제대로 인식하지 못하고 있다. 마치 대책 없는 비무장—평화국가, 류큐의 전철을 밟고 있는 듯하다. 평화와 복지는 안보가 튼튼해야만 이루어지는 법이다. 우리가 남을 공격하지 않으면 우리는 공격받지 않을 것이라고 믿는 경향이 있다. 힘없는 자가 외치는 평화는 무의미한 평화일 뿐이고 남의 손으로 이루어지는 평화는 굴종일 뿐이다. 일본과 중국이 독도와 동해, 제주—이어도 해역, 북한 지역을 야금야금 앗아가는데 우리의 인식과 대응태세는 임진왜란과 병자호란 직전만큼 무사태평하고 지리멸렬하다. 국민의 한 사람으로서 걱정이 '태산보다 무거운 동해물과 백두산'이다.

이 책은 인터넷 신문 《데일리안》에 연재된 글들을 정리한 글모음집이다. 류큐와 연동되는 한·중·일 지정학적 관계를 다루었다. 센카쿠를 포함한 류큐를 비롯해 이어도와 독도, 제주해군기지, 그리고 역사적 섬인 간도, 동북공정과 류큐공정 등을 새로운 시각으로 탐색해 보고자 하였다. 앞으로 다시 20년 후, 이 책에서의 우려들이 기우에 불과한 것으로 드러나면 참 좋겠다. 이 책을 출판하는 데 용기와 동기를 부여해 주신 모든 분들에게 깊은 감사의 마음을 드린다. 두서없는 내용을 매번 톱뉴스로 연재해 주신 《데일리안》 이의춘 국장과 이종근 국장, 그리고 이 책의 출판

을 위해 헌신적 지원을 아끼지 않은 휴먼앤북스의 하응백 사장께 심심한
사의를 표한다.

2012년 2월

경희대학교 서울캠퍼스에서

강효백

목차

1. 중화제국주의
—바다의 습격

일본은 넓고 중국은 좁다. 현대는 해양의 시대이다. 그러나 우리들의 뿌리 깊은 고정관념 속에는, 아직도 나라의 영역을 바다와 하늘을 포함시키지 않은 뭍의 넓이, 즉 육지영토만으로 생각하는 착시현상이 관습처럼 남아 있다.

사람들은 보통 좁은 섬나라 일본, 광활한 대륙의 나라 중국이라 부른다. 또 모두들 그렇게 알고 있다. 그러나 세계지도를 펼쳐놓고 바닷새 앨버트로스가 창공에서 아래를 내려다보듯 동아시아와 서태평양의 시공을 조감해 보라. 오히려 일본은 넓고 중국은 좁다는 숨겨진 사실을 새삼스레 발견하게 된다.

최초의 생명의 약동은 바다의 파랑(波浪)이다. 바다는 뭍의 어머니이며 인류 생존의 토대이다. 인류의 역사는 바다와 밀접한 관계를 가지고 흥망성쇠를 거듭해 왔다. 칭기즈칸의 몽골제국 등 드문 경우를 제외하고는 해양세력이 내륙세력을 압도해 왔다. 21세기의 오늘, 과학기술의 발달과 해양의 잠재가치 재평가로 바다는 무한한 자원과 전략적 역량의 원천으로 부각되고 있다.

멀리 우주에서 보면 지구는 파란 구슬처럼 보인다고 한다. 지구가 그렇게 파랗게 보이는 것은 지구 표면의 7할 이상을 바다가 덮고 있기 때문이다. 드넓은 수평의 바다를 드높은 수직의 공간으로 일으켜 세우면 다음 5개 층을 이룬다.

맨 꼭대기 층부터 시작하면 첫째, 바다 위로는 공활한 하늘이 있다.

둘째, 바다 표면(surface of sea)이 있는데, 주로 선박의 항해에 사용된다. 사람과 상품의 이동, 군사적 이용 등 통상, 교통, 군사 면에서 필수적 요소이다.

셋째, 수역(water-column)은 엄청난 생물자원을 지니고 있다. 각종 어패류, 해조류, 소금 등 인간생활에 필수적인 식량자원을 생산할 뿐만 아니라 잠수함의 운항 등 군사적 활용가치도 크다.

넷째, 해저 표면(seabed)이다. 현대 산업사회에서 중요한 망간, 니켈, 구리, 코발트 등이 막대한 규모로 깔려 있는 해저 표면은 제3차 해양법 회의 이후 가장 중요한 의제로 주목받고 있다.

맨 아래, 지하층 해저(subsoil)에는 석유와 천연가스는 물론, 일명 '불타는 얼음'이라 불리는 가스하이드레이트(gas hydrate)가 대량으로 묻혀 있다.

19세기 말, 미국의 국무장관 존 헤이(John Milton Hay, 1838~1905)는 이렇게 말했다. "지중해는 과거의 바다이다. 대서양은 현재의 바다이다. 태평양은 미래의 바다이다." 해양사관의 핵심을 간파한 혜안이다. 어제의 바

	바다 지하1층, 지상 4층 빌딩	땅 지하1층, 지상 2층 주택
4층	하늘 비행, 우주통신	
3층	바다표면 항해운송, 군사적 이용	
2층	수역 수산자원, 소금, 잠수함	하늘 2층
1층	해저표면 광물자원, 케이블, 파이프라인	땅표면 1층
지하1층	지층 석유, 천연가스, 가스하이드라이트	지하1층

1-1 바다는 호화 빌딩, 땅은 일반 주택.

다 대서양시대는 이미 저물었고 오늘은 욱일승천의 태평양시대이다. 바다의 황제, 태평양은 일본을 향해 두 팔 벌려 미소 짓고 있으나 중국에 대해서는 외면하고 등을 보이며 돌아누웠다. 일본은 태평양의 서쪽 핵심부를 차지하는 데 반하여 중국은 태평양이 거의 없다.

일본 바다는 중국 바다에 비해 훨씬 넓다. 북쪽 홋카이도에서 남쪽의 류큐(오키나와)까지의 일본 해안선은, 태평양을 사이에 두고 마주보고 있는 미국 본토의 해안선보다 길다. 일본의 관할 해양면

1-2 드넓은 일본 해역, 비좁은 중국 바다.

적은 약 386만㎢로 육지면적(약 37.7만㎢)의 10배 이상으로 광대하다. 반면 중국의 관할 해양면적은 약 135만㎢로 육지면적(약 960만㎢)의 6분의 1에도 미치지 못할 만큼 옹색하다.

바다를 제압하는 자는 언젠가 제국마저 제압하기에 이른다. 일본은 도대체 언제부터 이처럼 광활한 바다를 차지하게 되었을까? 해양제국을 이루고 있는 일본에 부러움 반 두려움 반을 느끼며 무수한 의문부호가 포말처럼 떠오른다.

가장 핵심적인 의문은 중국과 일본뿐만 아니라 우리나라를 포함한 동아시아, 나아가 태평양의 세력판도를 결정하는 시간의 씨줄(역사)과 공간의 날줄(지리)이 십자가를 이루는 교차점은 과연 무엇인가, 이다.

우주는 흔히 온 세계를 둘러싸고 있는 공간이라는 뜻을 나타내는 낱말로 사용된다. 그러나 우주는 천체를 비롯한 만물을 포용하는 물리학적 공간을 뜻하는 우(宇)와 과거, 현재, 미래의 구별 없는 무한한 시간을 나타내는 주(宙)가 질서 있게 통일된 세계를 뜻하는 것이다.

따라서 나는 시간(역사)과 공간(지리)을 각각 별개의 독립변수로 삼아 접근하는 방식을 탈피하여, 문제의 목표물을 우주(시간과 공간)의 십자가 한가운데 놓고 조준하고자 한다.

일본 본토에서 최남단에 떨어져 있는 오키나와 현의 류큐*. 우리에게는

국가	①영토면적(㎢)	②EEZ 포함 관할수역면적(㎢)	②/①
한국	99,500	348,478	3.5배
중국	9,600,000	1,355,800	0.14배
일본	370,370	3,862,000	10.4배

1-3 한중일의 육지영토와 해양영토 면적 대비.

'홍길동'이 정착해 '율도국'을 세웠다는 전설로 익숙한 곳이다. 오키나와로 가는 것은 일본 속 또 하나의 나라 류큐로 가는 것이다. 류큐는 약 130년 전만 해도 일본과는 민족과 문화와 언어가 다른, 독립왕국이었다.

류큐는 일본 규슈와 대만 사이에서 오키나와를 비롯한, 아마미, 미야코, 아에야마, 센카쿠 등 크고 작은 140여 개 섬으로 구성되어 있다. 류큐 군도의 육지 총면적은 2,288㎢이며 오키나와 본섬의 면적은 1,207㎢로 제주도(1,848㎢)의 3분의 2 크기에 불과하다. 그러나 류큐를 둘러싸고 있는 해역의 넓이는 약 140만㎢로 일본 전체 관할 해역의 30%를 초과할 만큼 광활하다.

류큐 해역은 시라카바(春曉, 중국명 춘샤오)가스전을 위시하여 원유와 천연가스 매장량이 흑해 유전과 맞먹는 72억 톤을 품고 있는 것으로 추정되고 있다. 류큐의 중심 섬인 오키나와를 기준으로 반경 2,000km의 원을 그리면 서울과 베이징, 도쿄, 홍콩, 블라디보스토크, 괌과 사이판 등 한-미-중-일-러의 주요 도시와 거점들이 고스란히 원 안에 들어온다.

따라서 한반도가 '동아시아의 중심 반도'이듯, 류큐는 일본의 최남단에 위치한 군도라기보다는 '동아시아의 중심 군도'로 자리매김해야 할 것이다.

또한 류큐는 한반도의 남쪽에, 중국대륙의 동남쪽에, 일본열도의 서남쪽에 위치한다. 즉 류큐는 한국을 꼭짓점으로 하여 중국과 일본을 연결하는 삼각형의 밑변에 자리한다.

미국은 그 밑변의 정중앙에 미사일과 전술핵무기로 무장한 육·해·공

• 일본은 류큐를 '오키나와'로 통칭하고 류큐군도를 자국의 남서쪽에 있는 섬들이라는 의미를 강조하기 위하여 '난세이(南西)제도'라 부르고 있다.

한국

중국   일본

류큐(오키나와)

군 및 해병대기지를 구축, 동아시아 서태평양 전략허브로 삼고 있다. 지금 일본과 미국은 스크럼을 짜듯 류큐의 140여 개 도서를 체인으로 연결함으로써 21세기 황색항공모함 중국이 태평양으로 나가는 출구를 봉쇄하는 데 안간힘을 쏟고 있다.

2. 일본 '심장보다 복부와 옆구리를 공격하라'
―제1차 일제의 은신처, 류큐

일본이 중국을 침략했을 때, 중국인은 일본인을 미워했지만 일본인은 중국의 영토를 사랑했다. 그리고 일본인이 중국의 판도에 애착을 가지면 가질수록 중국인의 증오는 더해졌다.

500년 시간의 바다에서 일본제국함은 다섯 번쯤 키를 크게 돌렸다. 일본의 팽창과 수렴, 그 다섯 번의 대전환이 이루어진 공간의 바다는 모두 류큐 해역이었다. 1591년 도요토미 히데요시(豊臣秀吉)의 일본은 류큐에서 내부 통일로부터 외부 팽창으로 전환하였다. 1609년 도쿠가와 이에야스(德川家康)는 류큐를 이중종속국으로 복속시키면서 팽창주의에서 쇄국주의로 수렴하였다.

1868년 류큐와 인접한 사스마 번(薩摩, 현재의 가고시마 현)이 주도하는 메이지 유신으로 태세를 가다듬은 일본제국함, 1879년 류큐를 완전 병탄함으로써 본격적인 팽창으로 방향을 크게 틀었다. 거침없는 팽창의 향진을 거듭하였던 일본제국함은 1945년 태평양전쟁 최후의 결전, 오키나와에서 격침되어 패망하였다. 패전 후 27년간 경제무역과 과학기술 역량 강화로 내공을 수렴하던 일본제국함은 1972년, 오키나와 반환을 계기로 또다시 정치군사대국으로 방향을 틀어 오늘에 이르고 있다.

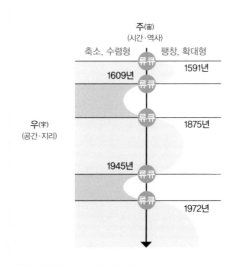

2-1 일본의 축소와 팽창의 전환점, 류큐.

일본의 축소와 팽창의 전환점, 류큐

1587년 규슈를 평정하여 전 일본을 통일하게 된 도요토미는 확대지향적 인물이었다. 자신의 과대망상적 야심과 지방 영주들의 불만을 한반도와 중국 정벌에 폭발시키고 싶었다. 그는 조선을 거쳐 중국과 인도대륙까지 정복할 계획을 갖고 있었다.

도요토미는 1591년 8월, 사스마 번의 시마즈 다다스네(島津忠恒)를 통해 류큐 왕 상녕(尙寧)에게 이듬해 조선을 침략할 터이니 1만 5천 명분에 해당하는 군역을 부담하라고 지시했다. 그해 10월 시마즈는 류큐 왕에게 7,500명의 10개월분 군량미 11,250석과 황금 8천 냥을 분담하라고 재차 요구했다.

　독립국가인 류큐는 어처구니없는 요구에 잠시 고민했지만, 후환을 염려하여 요구의 일부를 받아들이는 척하면서 결국 대부분을 거절하였다. 오히려 류큐 왕은 재상 정형(鄭迴)으로 하여금 도요토미의 조선 침략 계획을 명나라 조정에 보고하게 하였다.

　당시 부패와 자만에 빠진 명나라는 조선에 일본의 침략 계획을 통보해 주지 않았다. 당쟁의 삼매경에 빠져 있던 조선은 국방정책조차 마련하지 않고 급변하는 국제정세를 오로지 명나라와의 사대주의 의존관계 강화만으로 해결하려 하였다. 또 안일 속에서 고식적인 대책에만 만족해 하던 조선의 지배층은 교린관계인 일본이나 류큐의 정치적 변동 사항을 구체적으로 탐지하려 하지도 않았다.

　1592년 4월, 도요토미는 마침내 '명나라를 칠 터이니 길을 비켜라'라는 기치를 내걸고 16만의 대군으로 조선을 침략하였다. 초기에는 조선군을 격파하고 파죽지세로 한양, 평양을 점령하는 등 야심이 순조롭게 진행될 것으로 보였지만, 이순신이 이끄는 조선함대와의 해전에서 연전연패함으로써 전황은 교착상태에 빠졌다.

　1593년 제해권을 상실한 도요토미는 명나라와 강화교섭을 개시하는 한편 류큐에 특사를 파견하였다. 도요토미의 특사는 류큐 왕에게 조선에 주둔한 왜군의 20개월분에 해당하는 군량미를 지원할 것과 류큐군도의 북부 5개 섬을 할양해 줄 것을 요구하였다.

그러나 류큐 왕은 이 말도 안 되는 요구를 일언반구도 하지 않고 묵살해버렸다. 1598년 류큐 왕은 도요토미가 죽었다는 정보를 명나라에게 제공했다. 임진왜란 때와는 달리 명나라는 왜군이 곧 철수할 것이라는 정보 분석을 덧붙여 이를 조선 조정에 통보해 주었다.

1603년 새로 일본을 제패한 도쿠가와 이에야스는 쇼군이 되어 막부를 열었다. 도쿠가와는 도요토미 시대의 조선 침략으로 악화된 중국과의 관계를 수복하고자 알선 역할을 류큐에 요구했으나 류큐는 상대조차 하지 않았다.

이에 도쿠가와는 조선과 중국과는 국교 회복을 꾀하는 반면, '무례한 류큐'는 정벌하기로 방침을 정하였다. 1609년 3월, 도쿠가와의 승인하에 시마즈 다다스네는 3000여 명의 압도적인 군사력을 이끌고 류큐를 침공하였다. 침공의 주된 이유는 조선 침략 시 류큐의 일관된 협조 거부였다. 오랜 전란시대를 통하여 단련된 데다가 철포로 무장한 강력한 사스마 군 앞에 류큐는 상대가 되지 않았다. 전투는 싱겁게 끝나서 류큐는 사스마 군에게 정복되었다.

류큐 측이 사스마에 쉽게 패한 원인은 류큐 왕국이 무기를 철폐하여 대책 없는 '비무장-평화국가'의 길을 걸어왔고 대외전쟁의 경험 역시 전혀 없는 국가였기 때문이다.

사스마 군은 류큐의 수도 슈리성을 불태우고 류큐의 진기한 보물을 약탈했다. 점령군은 류큐 국왕 이하 100여 명의 고관들을 사스마로 납치했다가 2년 6개월 만에 쇼군에 대한 복종의 맹세와 서약을 받고 풀어주었다. 그러나 류큐의 재상 정형은 복종의 서약을 끝까지 거부하고 펄펄 끓는 기름 솥에 던져졌다.

도쿠가와는 중국을 아버지 나라, 부국(父國)이라 부르며 섬겨오던 류큐를 중-일 양국의 이중종속국으로 만들었다. 제1차 일본 제국주의의 최후의 승리자는 도요토미가 아니라 도쿠가와였다. 1609년 류큐 정벌을 전환점으로 팽창과 정복에서 수렴과 내실로 나아간

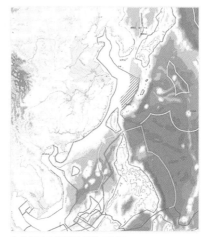

2-2 중국과 일본의 해역 표시도.

도쿠가와 막부는 1648년, 나가사키를 제외한 모든 나라의 문을 닫아 쇄국을 완성하였다.

임진왜란 도발부터 류큐의 이중종속국화, 쇄국의 완성에 이르기까지 일본이 얻은 역사적 교훈은 다음과 같다고 분석된다.

첫째, 작은 것이 아름답다. 큰 것보다 우선 작은 것부터 차지하라.

둘째, 정치·군사적 지배보다 우선 경제·무역 면에서 장악하라.

셋째, 대륙의 얼굴이나 심장부보다 우선 그의 복부와 옆구리를 공격하여 조금씩 힘을 빼라.

도쿠가와는 도요토미의 실패를 교훈 삼아 철저한 쇄국정책으로 15대를 세습, 260년의 막부를 일관하였다. 그러나 축소지향적인 도쿠가와 막부를 단순히 작게 한다는 것이라든지 쇄국한다는 것으로만 보아서는 금물이다. 꼭 가지고 싶으나 그대로는 내 손안에 꽉 쥘 수 없는 것을 '축소시킴

으로써, 그 가치와 본질을 획득, 소유하는 것이다.

도쿠가와 막부는 동아시아의 해상무역을 주름잡던 류큐에 대해 정치·외교적 명분은 중국에 양보하고 경제와 무역 분야의 실리는 자신들이 가로채는 책략으로 국부를 살찌웠다. 약소국 류큐는 일본 제국주의의 야욕이 축소되고 압축된 형태로 숨 쉬고 있는 까만 씨앗과 같은 것이었다.

생래적 팽창주의자 일본은 한반도나 중국대륙을 쥘 수 없자, 그 가치와 본질을 류큐로 '압축'시킴으로써 확대지향 욕구를 보상하려고 하였다. 다시 말해, 반도와 대륙에 대한 일본열도의 제국주의 열망을 140여 개 섬들로 축소 수렴하여 잠재워 왔던 것이다.

3. 미국과 전쟁을 한다면 언제 끝낼 건가?
─제2차 일본 제국주의의 출항지, 류큐

"조선을 먼저 치느냐, 류큐를 먼저 삼키느냐."

이는 메이지 유신 초기 일본 권력투쟁사를 선혈로 물들이게 한 최대 쟁점이었다.

1868년 메이지 유신의 진원지는 해상왕국 류큐의 풍윤한 자양분을 흡취하며 성장한 사쓰마 번이다. 사이고 다카모리(西鄕隆盛, 1827~1877)와 오쿠보 도시미치(大久保利通, 1830~1878), 메이지 유신의 두 주역 역시 사쓰마 번 출신이다.

"이름도 필요 없다, 돈도 필요 없다, 지위도 명예도 목숨도 필요 없다는 남자가 제일 상대하기 힘들다. 바로 그런 사람이라야 큰일을 이룰 수 있다."

이러한 막무가내식 명언을 남긴 사이고 다카모리는 사무라이의 후예이자 메이지 유신의 장본인이었다. 사이고는 일본의 서구화에 회의를 느끼며 봉건적 향수를 떨치지 못한 채 조선을 정벌하자는 정한론(征韓論)을 주장하였다. 그는 임진왜란과 정유재란의 못 다한 원을 풀자고 주장하며 정국의 안정과 국력 충실의 준비기간 없이 곧바로 조선을 침략하자고 외쳤다. 당시 메이지 조정이 움직이지 않자 자기를 조선에 보내달라고 했다. 조선이 자기를 죽이면 그걸 핑계로 조선을 치라고까지 큰소리쳤다.

반면 오쿠보는 자유민권운동가들과 타협하면서 정국 안정을 기하고자 하였다. 오쿠보는 이토 히로부미(伊藤博文, 1841~1909) 등과 함께 구미시찰단의 일원으로 태평양을 건너 미국을, 미국에서 대서양을 건너 영국과 독일 등을 시찰하고 돌아왔다. 오쿠보는 특히 통일독일을 이룬 철혈재상 비스마르크가 그들 일행에게 들려준 훈수, "국제사회에서는 윤리도 없고 정의도 없다. 오로지 군사력과 관료제를 치밀하게 강화해 나가는 길만이 부국강병의 첩경"이라는 대목에 깊은 감명을 받았다. 19세기 말 제국주의 G2격인 신흥강국 독일제국에서 일본제국이 나아가야 할 길을 발견한 오쿠보는 정한론을 주장한 사이고와는 대조적으로 일본열도의 배후를 튼튼히 하는 류큐 왕국 병합 노선을 주장하였다.

조선이 먼저냐, 류큐가 먼저냐. 즉 한반도를 먼저 정복할 것인가, 류큐 군도를 먼저 점령할 것인가. 사이고와 오쿠보, 메이지 유신의 양 거두 간에 일본제국함의 첫 출항지 선정문제를 놓고 생사존망을 가르는 권력투쟁이 벌어졌다.

당시 세계 순방을 마치고 돌아온 오쿠보 일행은 세계 정세가 일본에 유리하지 않다며 사이고의 정한론을 반대했다. 일본 내각은 이러한 이유로 정한론을 부결했는데, 이 결정에 굴복하지 않은 사이고는 관직에서 물러나 사스마로 귀향하였다.

1872년 오쿠보는 메이지 유신 축하사절단을 파견하라고 류큐에 압력을 넣어 류큐 사절 일행을 동경으로 불러들였다. 류큐 국왕에게 일본 귀족과 동등한 지위를 부여한다는 칙서를 내렸으며 류큐를 일본 외무성 관할에 둔다고 발표하였다.

1875년 오쿠보는 외무대신 마쓰다 미츠유키(松田道之)를 류큐에 파견해 청나라에의 조공을 금지할 것과 류큐가 맺은 미국과 프랑스, 네덜란드와의 외교관계를 단절할 것, 그리고 일본식으로 류큐의 법제를 변혁할 것을 강요하였다. 왕국의 수명이 경각에 달렸음을 직감한 류큐 왕은 1877년 4월, 청나라에 임세공(任世功) 등 3인의 밀사를 파견하여 원조를 청하였다. 이에 청나라 조정은 귀찮다는 반응을 보였다.

다만 주일 청국공사 하여장(何如章)이 "일본이 류큐를 취하고 나면 그 다음 차례는 조선일 것이다. 지금 일본은 세이난(西南)전쟁 뒤인지라 피폐해 있고 청나라가 해군력에서 우세를 점하고 있다. 류큐에 함대를 파견하여 무력으로 일본을 축출하자"며 강경론을 펼쳤다.

그러나 당시 최고 실권자 이홍장(李鴻章)은 먼 바다에 떨어진 몇 개의 섬들 때문에 군사력을 동원할 순 없다며 류큐의 구조 요청을 외면하였다. 절망에 빠진 류큐의 밀사 임세공은 베이징에서 류큐 왕국이 있는 동남방을 향하여 삼배한 후 단검으로 자신의 목을 찔러 자결하였다.

한편 사스마로 낙향하였던 사이고는 1877년 오쿠보가 장악한 중앙정부에 반기를 들어 세이난전쟁을 일으켰으나 패배하여 할복 자결하였다. 그런데 오늘날 일본인들은 대체적으로 도요토미를 도쿠가와보다 좋아하듯, 화끈한 한국정벌론의 사이고를 착실한 류큐병탄론의 오쿠보보다 숭앙하고 있다.

사이고의 경한론

가고시마 (사쓰마) 메이지 유신의 진원지

오쿠보의 류큐 병탄론

3-1 메이지유신의 두 주역, 가고시마 출신의 오쿠보와 사이고 사이의 치열한 권력투쟁 끝에 오쿠보가 승리하여 류큐를 우선 병탄하게 된다.

1879년 4월 4일은 500년 동북아의 해상왕국, 류큐의 마지막 날이다. 이날, 오쿠보의 직계 마쓰다는 '류큐 처분관' 자격으로 군경 500여 명을 이끌고 류큐의 수도 슈리성을 무력 점령하였다. 반발하는 류큐의 고관들을 모조리 체포 고문하고 막대한 보물과 문서를 약탈하였다. 류큐 '왕국'을 말소한 자리에 오키나와 '현'을 신설하였다. 류큐인은 그 사건 이후 '일본인'이 되어야 했다.

그해 4월 30일, 일본은 류큐의 마지막 왕 상태를 동경에 유폐하고 후일 후작 작위를 하사하였다. 메이지 정부는 류큐의 구(舊) 지배계층을 회유하기 위하여 이들에 대해 토지와 조세체제 등 봉건적인 특권을 인정하고 신분에 따라 사은금을 제공하였다.

그해 5월, 미국의 18대 대통령을 역임한 그랜트(Ulysses S. Grant, 1822~1885, 재임기간 1869~1877)가 태평양을 건너 청나라로 왔다. 일본의 류큐 흡수로 인해 동아시아 세력의 균형추가 급속하게 일본으로 기울 것을 우려했기 때문이다. 그랜트는 이홍장을 직접 만나 류큐의 전략적 중요성을 강조하며 청나라가 류큐를 포기하여 두고두고 후회할 일은 없어야 한다고 극구 만류하였다. 그랜트는 이홍장에게 류큐의 북부는 일본이, 중부는 청-일이 공동 관리하고, 남부는 청나라가 관할하는 이른바 '류큐 3분안'까지 제시하였으나 불발로 끝났다.

결국 일본은 1592년 한반도를 침략하는 것으로 시작해 류큐로 잠입하였던 순서와는 반대로, 1879년 먼저 류큐를 병탄, 오키나와 현으로 일본 영토화한 것을 전환점으로 삼아, 대륙에 대한 수천 년 동안의 콤플렉스를 극복하고 팽창주의와 제국주의 노선으로 줄달음치게 되었다.

류큐를 병합한 지 15년, 임진왜란을 일으킨 지 300여 년 만인 1894년, 일본은 조선의 갑오동학혁명을 구실로 청일전쟁을 일으켰다. 참패당한 청나라로부터 이듬해 4월 대만과 팽호열도를 얻었다. 1905년에는 백 년 전만 하더라도 나폴레옹을 몰락시켰던 북극곰 러시아와 러일전쟁을 일으켜 사할린 남반부를 얻고 만주의 조차권을 장악했다. 동북아 지역에 경쟁상대가 없어진 힘의 공백을 틈타 대한제국을 보호국으로 전락시킨 일본제국은 1910년 8월 29일 반만년 유구한 역사의 고요한 아침의 나라를 병합하여 버렸다.

류큐에서부터 출발한 일제의 군홧발 행진은 끝없이 이어진다. 제1차 세계대전이 일어나자 1914년 일제는 중국의 산둥반도를 공략하여 독일이 중국에서 점유하고 있던 권익을 그대로 승계하고 여순과 대련의 조차권, 남만주 철도의 권리 기한을 다시 99년간 연장하고 동부 내몽골 남만주 일대의 권익을 획득하였다. 1931년 9월 18일 심양 북쪽 리우타오고우(柳條溝) 폭파를 구실로 일본 관동군은 그해 11월 만주 전역을 점령하였다.

1932년에는 마지막 황제 부의(溥儀)를 괴뢰로 앉혀놓은 만주국을 건설하여 만주를 식민지로 만들었다. 1933년에는 내몽골의 동부와 허베이성의 동북쪽 르허(熱河) 지방을 점령하여 만주국에 편입하고, 그해 5월에는 만리장성을 넘어 베이핑(北平, 지금의 베이징)의 대부분을 점령하는 등 중국의 심장부까지 진출하였다. 이미 대일본제국의 판도는 해양을 뺀 육지 면적만 치더라도 중국 본토보다 훨씬 넓어졌다.

1937년 7월 7일 베이징 남부의 루가오챠오(蘆溝橋) 사건을 계기로 류큐에서 출발할 때부터 액셀러레이터만 있었지 브레이크가 없었던 일본 제국주의는 중국 본토를 전면 침공하였다. 그해 11월 중화민국 수도 난징을 점령하여 약 한 달 동안 30만여의 양민을 학살하는, 즉 매일 민간인 1만 명 죽이기 파티, '남경대학살'의 만행을 저질렀다. 그 후에도 일제는 산시, 산둥, 허베이, 상하이, 광저우, 우한을 차례로 점령하였다.

그러나 엄밀히 따지면 일제가 점령한 중국 본토는 면이 아닌 점과 점을 연결한 선에 지나지 않았다. 중국 전선에서 교착상태에 빠져 돌파구를 찾던 일제는 인도차이나에 진격하여 중국에의 물자수송을 방지함과 동시에 남방 진격의 근거지를 마련코자 하였다. 이에 미국은 미일통상조약을 파기하고 대일 석유수출 금지조치를 취했다.

1941년 9월 6일 미국과의 전쟁을 결정하는 역사적인 어전회의가 열렸다. 일왕은 스기야마 하지메(杉山 元) 육군참모총장에게 물었다.

"미국과 전쟁을 한다면 언제 끝낼 자신이 있는가?"

"3개월쯤이면 태평양 전역을 끝장낼 수 있습니다."

"그까짓 중국에서도 질질 끌고 있는데 그게 무슨 소린가?"

"중국이 너무 넓어서 그렇습니다."

그러자 일왕은 큰 소리로 질책했다.

"태평양은 중국보다 훨씬 넓다는 사실을 모르는가."

이때 해군참모총장은 모호한 태도를 보였다. 1941년 12월 8일, 일본제국함은 미국 하와이의 진주만 기습을 감행하였다. 전쟁 초기 인류 전쟁 사상 최대의 전쟁터로 화한 지구 최대의 바다 태평양에서 일본군의 질주는 거침없었다. 필리핀, 싱가포르, 인도네시아, 말레이시아, 미얀마, 태국을 점령한 데 이어 파푸아뉴기니, 미크로네시아 등 남태평양까지 점령지역을 확대해 갔다.

싱가포르 점령 당시 일제는 일본 내지인은 물론 대만과 한국, 만주의 식민지인에게 싱가포르를 닮은 고무공을 선물하는 호기를 부렸다. 연전연승 파죽지세로 공격을 계속한 대일본제국의 최대판도는 과거 로마제국의 극성기보다 훨씬 넓었다. 해양면적을 포함할 경우 칭기즈칸의 대원제국에 비견되는 광대무변한 것이었다.

3-2 칭기즈칸의 대원제국에 필적하는 극성기의 대일본제국의 광활한 판도.

이를 시간과 공간의 각도를 넓게 펼쳐 인류사를 조감해 본다면 태평양전쟁은, 각각 지중해와 대서양의 헤게모니를 얻기 위한 로마와 카르타고의 포에니 전쟁과 대영제국과 스페인 무적함대와의 전쟁처럼, 태평양의 패권을 차지하기 위한 전쟁이라고 할 수 있다.

그러나 일본이 태평양전쟁에서 내세운 대동아공영권은 신사참배를 강요하며 피지배민족을 탄압하는 대단히 이기적이고 편협한 것으로, 문화

1587년 토요토미 히데요시 전 일본 통일
1591년 류큐에 군비 징발 요구 : 한반도와 대륙 침략 준비
1592년 임진왜란
1593년 북해도 진출
1599년 토요토미 사망
1603년 도쿠가와 막부
1609년 류큐 침략 및 이중속국화
1648년 왜국의 완성

1888년 메이지 유신
1876년 류큐의 사실상 병합조치
1878년 조선의 개항
1879년 류큐의 완전한 병합
1881년 조선에 공사관 설치
1894년 청일전쟁
1895년 대만과 팽호도 획득
1904년 러일전쟁
1905년 대한제국 보호국화와 사할린 남부 획득
1910년 한일병합
1914년 중국의 산둥반도와 랴오둥반도 조차
1931년 만주 점령
1932년 상하이 점령
1937년 중일전쟁
1041년 태평양전쟁
1945년 4월 1일 일본 제국주의 류큐 상실하여 전력 상실
1945년 8월 15일 일본 무조건 항복
1972년 5월 미국의 점령으로부터 류큐 반환

1972년 9월 중국과 국교 정상화
1981년 스즈키 수상 1천 해리 해상교통로 공포
1982년 나까소네 수상 1천 해리 해상교통로 구역 명기
1987년 방위비 GNP 1% 한도 설정 철폐
1991년 자위대 파병 법제화

3-3 일본 침략 및 패망사.

적 우월의식이 높은 한국인이나 중국인 등 피지배민족의 자발적인 공감
과 협조를 불러일으키기엔 너무도 거리가 멀었다.

1945년 4월 1일 미군이 류큐의 오키나와에 상륙하자 고이소 구니아키(小磯國昭) 내각은 붕괴되고, 4월 5일부터 스즈끼 간따로(鈴木貴太郎)의 항복 준비 내각이 들어섰다.

이해를 돕기 위해 태평양전쟁을 축구 경기에 비유하자면 이렇다. 태평양의 키스톤, 류큐를 확보함으로써 노쇠하고 둔중한 중국을 제치고 서태평양의 대표가 된 일본은, 역시 쇠락하고 무기력한 유럽제국을 제치고 서방세계 최강으로 등극한 동태평양의 대표 미국과의 결승전을 갖는다. 센터서클 하와이에서 선제공격을 감행하여 기선을 제압하였던 일본은 결국, 류큐를 상실하면서 전의를 잃고 무릎을 꿇고 말았다.

4. 중-일 해양대국화는 한국 해양을 자르는 가위
—제3차 불침항공모함 출항지, 류큐

'가오리 연 일본'의 꼬리, 류큐

가오리연을 날려본 적이 있는가? 가오리연의 비밀은 꼬리에 있다. 가오리연의 특징은 아래로 길게 늘어뜨린 꼬리가 균형을 잡아주면서 바람이 꼬리를 타고 흐르게 하여 하늘 높이 띄울 수 있다는 점이다.

일본이 '가오리연'이라면 류큐는 '가오리연의 꼬리'이다. 일본은 1500여km의 기나긴 류큐군도를 확보한 그만큼 오르막(팽창)으로 치달았고 류큐에 대한 일본의 권력이 손상을 입은 그만큼 내리막(축소)에 접어들었다. 1945년부터 1972년까지 류큐 미군정시대는 현대 일본사에서 '축소 일본'의 시기였다.

제2차 세계대전이 미국의 승리로 끝나자 류큐는 일본으로부터 분리되어 미군정하에 들어갔다. 미국의 류큐 분리의 근거에는 류큐군도가 원래 일본의 영토가 아니었다는 사실이 크게 작용하였다. 더글러스 맥아더 연합국 최고사령관은 미 국무성에 보낸 전보에서 류큐군도는 역사학적, 민족학적으로도 일본의 고유한 영토가 아니라는 점을 지적하면서 서태평양에서 미국의 국익을 위해서는 이 섬들을 확보하는 것이 전략적으로 중요하다고 강조하였다.

한편 맥아더는 점령지 일본 당국에게는 류큐를 미군기지화하면 일본이 재군비를 하지 않아도 방위에 문제가 없다는 논리를 내세우며 류큐 기지화와 일본의 전쟁 포기 및 군대 보유 금지를 정당화했다. 그리고 태평양전쟁에서 류큐의 전략적 중요성에 대한 인식, 중국의 공산화와 냉전의 격화, 한국전쟁 과정에서 공군기지로서의 류큐의 결정적 중요성에 대한 인식 등의 과정을 거치면서, 류큐는 태평양의 요석(keystone)으로서 미국

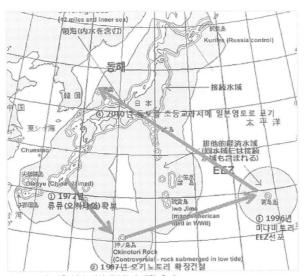

4–1 1972년 이후 일본 해양제국주의 팽창 추세.

의 세계 전략에 있어 핵심적인 거점으로 부각되었다.

미일 이중종속지 류큐

1952년 4월 발효된 대일강화조약 제3조에 규정된 류큐의 법적 지위는 인류사에서 유례를 찾기 힘든 것이었다. 류큐의 잠재주권(residual sovereignty)은 여전히 일본에게 있었으나, 미국의 군정을 받는 변칙적인 이중종속의 지위에 놓이게 된 것이다.

미국이 류큐 주민에 대한 입법, 행정, 사법의 권한을 장악하고 있었다는 점에서 일본의 영토라고 하기 힘들었다. 잠재주권을 일본에게 남겨두었다는 점에서 미국이 합병한 영토도 아니었다. 류큐는 아주 새로운 유형의 점령지이자 식민지였다. 미군정하의 류큐 주민 역시 애매모호한 지위를 지녔다.

류큐는 미국의 주권이 미치는 영역이었지만 류큐 주민은 미국 시민권자는 아니었다. 그렇다고 일본 국적자도 아니었으며 '류큐왕국'으로 원상 회복되지 못한 상황에서 '독립국 류큐'의 국적자도 아니었다. 류큐 주민이 일본 본토에 들어가기 위해서는 일종의 여권인 도항증을 지참하여야 했다. 도항증에는 국적 표시는 없고 류큐군도 거주자라는 괴이한 법적 신분이 기재되어 있었다.

미국이 류큐를 점령하고 군정을 실시한 이유는 제2차 세계대전 이후 소련을 가상 적국으로 설정한 세계 전략에 따라 류큐를 소련과 중국의 팽창을 저지하는 해상 장벽으로 활용하기 위해서였다. 1953년 당시 닉슨 미국 부통령은 "공산주의의 위협이 있는 한, 미국은 오키나와(류큐)를 보유할 것"이라고 말하였고 1954년 아이젠하워 미국 대통령은 연두교서에서 "오키나와에 있는 미군 기지를 무기한으로 보유할 것"이라고 밝혔다.

그러나 1960년대 후반에 이르자 제2차 세계대전 후 정점에 달했던 미국의 헤게모니는 쇠퇴하기 시작했다. 미국은 베트남전쟁의 수렁에서 헤어나지 못하고 있었다. 반면 일본은 미국의 안보 우산 아래에서 눈부신 성장을 거듭하여 세계 제2위의 경제대국이 되었다. 미국과 일본의 역학관계가 변화함에 따라 미일 간에 군사, 경제적 역할분담을 조정할 필요성이 제기되었다. 그 결과 1969년 닉슨 미국 대통령은 '아시아는 아시아인 손으로'라는 유명한 '닉슨 독트린'을 발표하였다.

연이어 닉슨 미국 대통령과 사토 에이사쿠(佐藤榮作) 일본 총리는 한국의 안전이 일본 자체의 안전에 긴요하다는 '한국 조항'과 함께 류큐의 일본 반환을 협의하는 공동성명을 발표하였다. 미국이 일본에 류큐를 반환하는 대가로 아시아에 대한 짐의 일부를 일본이 떠맡기로 한 것이다. 류큐 반환협상은 8년간이나 일본 총리를 역임한 사토 에이사쿠의 뛰어난 입적 중의 하나로 평가받고 있다.• 마침내 미국은 1972년 5월 15일, 류큐군도와 주변의 해역을 통째로 일본에 돌려주었다.

여기서 류큐군도를 잠시 홋카이도 북쪽에 위치한 이른바 '북방 4도'와 비교해보자. 러시아가 현재 실효적으로 지배하고 있는 하보마이, 시코탄, 구나시리, 에토로후 등 4개의 섬은 류큐처럼 독립왕국이었거나 이중종속국이었다는 영욕의 역사가 없으며 19세기 말 침략으로 이루어진 일본의 점령지였다. 북방 4도에 비하면 일본의 입장에서 볼 때, 가히 횡재라 할

• 1965년 사토 에이사쿠 총리는 일본의 총리로서는 처음으로 류큐를 방문하여 "오키나와(류큐)의 복귀가 실현되지 않는 한, 일본의 전후(戰後)는 끝나지 않는다"라고 성명했다.

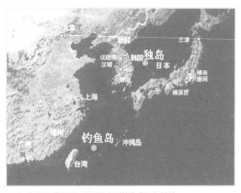

4-2 센카쿠, 중국명 다오위다오(釣魚島)의 위치.

만한 호박이, 그것도 140여 개씩이나 넝쿨째 일본의 품속으로 굴러 들어온 것이다. 현재 일본 전체 해역의 30% 이상에 해당하는 드넓은 해역이다.

그러나 현재까지 류큐의 미군기지가 반환된 예는 극소수에 불과하다. 여전히 류큐 전체 면적의 약 20%가 미군기지화 되어 있다. 본토에서 미군 기지는 축소되었지만 류큐에서는 거의 변함이 없기 때문에 오히려 류큐에 주둔하는 주일 미군의 비중이 더 높아졌다.

일본 국토(뭍)면적의 0.6%에 해당하는 류큐에 주일 미군기지의 75%가 집중되었다. 즉 류큐군도의 핵심 부분은 여전히 일본의 주권이 미치지 못하는, 치외법권이 적용되는 미국 영토라고 해도 과언이 아니다. 미국은 미일안보조약에 따라 일본 전토를 기지로 사용할 수 있었음에도 불구하고, 기지 사용과 기지 운용의 특권이 보장된 류큐를 포기하려 하지 않았고, 이러한 기지화 방침은 현재까지 지속되고 있다.

센카쿠를 둘러싼 중−일 쟁탈전

1972년 류큐를 반환받으면서부터 팽창지향성 대외정책으로의 전환에 탄력을 받은 일본은 그해 9월, 미국보다 앞서 대만과 외교관계를 단절하는 동시에 중화인민공화국과 수교하고 중일 평화조약을 체결하였다. 그때 헝가리 부다페스트 출신의 유명한 동양학자 티보르 멘데는 "일본과 중국이 미래를 공유하게 되는 때, 그것은 서구로서는 콜럼버스의 신대륙 발견에 결코 뒤지지 않는 큰 사건이고, 백인의 우월성이 처음으로 심각한 도전을 받게 될 것이다"라고 경탄하였다.

당시 서구 학자들은 일본과 중국이 서로 세력 균형을 이루면서 일본의 활력과 기술이 중국의 신문명 노력과 결합된다면, 서구사회에 중대한 교훈을 주는 또 한 번의 문화적 대격동을 야기해, 전혀 새로운 사회도덕 관념이 형성될지도 모른다고 예견하기도 했다.

그러나 그것은 일본이 지역적으로 아시아에 속해 있기는 하나 공동체의 일원이라는 인식이 근본적으로 미흡하고, 아시아의 공동발전을 위한 진정성 있는 노력을 게을리함을 간과한, '1+1=2'라는 식의 단순한 산술적 계산이라고 할 수 있다.

중일수교 교섭 당시 중국은 류큐 문제를 제기할 수 있는 기회를 맞이했다. 우선 류큐군도의 맨 남쪽에 있는 센카쿠(중국명, 다오위다오)* 영유권 문제가 그것이다. 센카쿠는 현재 일본이 점유하고 있으나 중국, 대만, 홍콩이 영유권을 주장하고 있다. 센카쿠는 1895년 청일전쟁 승리 이후 일본이 청으로부터 대만의 부속도서의 하나로 할양받으면서 일본의 오키나와 현으로 귀속되었다가 대일 강화조약 체결 시 미국으로 이양되었다. 그때까지만 해도 센카쿠에 대한 이렇다 할 분쟁은 발생하지 않았으나, 1970년 유엔이 센카쿠 해역의 석유부존 가능성을 발표한 이후 중국과 대만 측에서 영유권 주장을 제기하였다.**

센카쿠 영유권 분쟁에서 일본과 중국의 주요 논거는 이렇다. 일본의 주장에 의하면 19세기 말까지 무주지였던 센카쿠를 일본이 먼저 발견하고 1895년 오키나와 현에 정식 편입하였다. 제2차 세계대전 후 대일 강화조약에 의거하여 미군 관할하에 있던 것을 1972년 오키나와 반환으로 되찾은 일본의 영토라는 것이다.

중국의 주장에 의하면 센카쿠는 명나라 시대에 중국이 처음 발견한 중국 고유영토였다. 청일전쟁 후 대만의 부속도서의 하나로 일본에 강제 할양되었으며 2차 세계대전 후 중국의 고유영토를 일본이 불법적으로 미국에 이양했으며 미국의 센카쿠를 포함한 오키나와 반환은 중국 영토에 대한 미일 간의 불법적인 밀실 거래라고 주장하고 있다.

다시 이해를 쉽게 하기 위하여 센카쿠를 연(鳶)으로 비유하도록 한다. 일본이 가오리연이라면 류큐군도는 가오리연의 긴 꼬리이고 센카쿠는 꼬리의 맨 끝부분이다. 그런데 중국은 센카쿠가 대만이라는 '방패연에 달린 머릿줄이었던 것을 일본이 훔쳐내어 자기네 가오리연 꼬리에 덧붙였다고 주장하고 있는 것이라고 볼 수 있다.

결국 중일 국교 정상화는 센카쿠 문제를 보류해 둔 채 체결되었다. "같은 점을 먼저 찾아내고 다른 점은 일단 그대로 접어두자"라는 구존동이

• 센카쿠는 류큐의 중심섬인 오키나와 서남쪽 약 400km, 중국대륙 동쪽 약 350km, 대만 북동쪽 190km 동중국해 상에 위치한 8개 무인도로 구성되어 있고 총면적은 6.3㎢이다.

•• 리덩후이(李登輝) 전 대만 총통은 오키나와의 일본 복귀 30주년 대담(오키나와 타임즈)에서부터 최근 각종 일본 매체와의 인터뷰에서까지, 센카쿠 열도를 일본 영토라고 계속 주장하여 큰 파문을 일으키고 있다. 그의 논거는 센카쿠 열도가 오키나와에 소속되어 있으므로 결국 일본 영토라는 것이다. 중국이 아무리 영유권을 주장해도 증거가 없으며 중국의 주장은 국제법적 근거가 불명확하다는 것이다. 이에 대하여 중국과 대만 언론은 리덩후이의 부계혈통이 일본인 경찰이었다는 항간의 의혹을 기정사실화하며 리덩후이를 악랄한 친일매국노라고 맹비난하고 있다. 《오키나와 타임즈》 2002-09-24, 중국의 《中国日報》 2010-11-2, 대만의 《中央日報》 2011-01-15 등 참조.

(求存同異)와 센카쿠의 영유권 귀속문제를 후세에게 맡기는 '차세대 해결론'을 채택하여 분쟁 해결을 후세에게 맡기는 보류전략을 선택하였다.

중국은 1969년, 류큐 해역의 1만분의 1도 안 되는 북방의 영역, 즉 우수리 강 가운데 섬인 진바오(珍寶, 소련 명칭 '다만스키') 섬을 위해 같은 공산주의 종주국 소련과의 일전을 불사했지만, 여전히 드넓은 태평양을 향하는 출구 류큐군도와 그 광활한 해역의 관할권 제기 기회를 놓쳐 버린 것이다.

그러나 중일 수교 이후 센카쿠 영유권을 둘러싼 양국 간의 마찰은 지속되고 있다. 1978년, 1988년, 1996년 3차에 걸쳐 일본의 극우단체인 '일본청년사'가 센카쿠에 등대를 설치하여 일본의 지배를 기정사실화 하려는 행위를 하자, 중국, 대만 및 홍콩에서 대대적인 일본 규탄시위 및 항의가 발생하였다. 1996년 9월에는 센카쿠 인근 해역에서 일본의 등대 설치를 항의하는 한 홍콩의 시민단체 회원이 익사하는 사고도 발생하였다.

중국은 1998년 6월 남사군도, 서사군도 및 센카쿠 해역을 포함하는 '배타적 경제수역 및 대륙붕법'을 발표하여, 일본으로부터 거센 반발을 불러일으켰다. 2000년대 들어서면서부터 중국 선박과 항공기의 센카쿠 영해 진입은 다반사가 되었다. 특히 2010년 9월 7일에는 센카쿠 해역에서 중국 어선과 일본 해상순시선이 충돌하면서 중일 간 심각한 외교 분쟁이 벌어졌다.

센카쿠를 실효적으로 지배하고 있는 일본 정부는 "국내법에 따라 엄정히 처리하겠다"며 중국인 선장을 구속했다. 그러자 중국 정부는 고위급 회담 전면 중단, 일본 관광 취소, 희토류 수출 중단 등으로 일본을 압박했고, 일본은 결국 선장을 조기 석방했다. 중국은 이에 그치지 않고 일본에 사과와 배상을 요구했고, 중국에서는 대규모 반일 시위가 벌어졌다.

이 사건을 기점으로 하여 《환구시보(環球時報)》를 비롯한 중국 각종 언론매체에는 센카쿠뿐만 아니라 오키나와를 포함한 류큐군도 전체의 독립 또는 중국에로의 반환을 요구하는 특집기사와 칼럼들이 홍수처럼 쏟아져 나오기 시작했다.

이처럼 중일 양국의 대립이 격화되고 있는 이유는 센카쿠를 포함한 류큐 해역의 전략적 중요성과 해양자원의 가치가 급상승했기 때문이다. 중국에게는 중국 군사력의 태평양 진출을 위한 전진기지이며, 일본에게는 중국대륙의 대양으로의 팽창을 봉쇄하는 전략적 방어체인이 된다. 200해리 배타적 경제수역(EEZ) 확보를 통한 어마어마한 용적의 해양과 이를 통한 해저자원의 자원 확보 및 해상교통로와 관련된 사활지역인 것이다.

3평 바위섬으로 일본 육지면적의 1.1배 확보

여기에서 보다 거시적 관점으로 조망하여 보자. 시공을 일본이 류큐를 반환받은 1972년으로 되돌려본다. 그해는 현대 세계사와 국제관계에 있어서 일대 전환점을 맞이하는 한 해였다. 그해부터 일본은 여러 차례에 걸친 방위력 정비 계획을 통하여 획기적인 군사력 증강을 꾀하였다. 류큐군도를 중심으로 한 지역의 방위 체제 정비와 육해공군의 노후 장비 갱신을 위해 신예 장비를 확충하기 시작하였다.

1879년 류큐를 합병한 지 15년 후 절대군주제 일본제국은 청일전쟁을 일으켜 대만을 얻었다. 그렇다면 1972년 류큐를 회복한 지 15년 후에 현대적 민주국가이자 입헌군주제 일본은 무엇을 했을까? 1987년 일본은 방위비의 GNP 1퍼센트 억제선을 철폐하고 본격적인 군비 확장에 박차를

4-3 더블베드만 한 바위섬을 인공 원형섬으로 확장 공사한 후의 오키노토리(좌). 대한민국 독도는 일본의 오키노토리보다 18000여 배 큰 국제법상의 엄연한 섬(Island)이다.

가하였다. 잠수함, 미사일, 항공기 등 공격형 무기 분야에서 세계 정상을 목표로 다시 무섭게 달리기 시작했다. 그리고 그해 일본은 총 한 발 쏘지 않고 어마어마하게 넓은 해역을 차지하는 작업에 착수했다.

그것은 바로 오키노토리(沖の鳥, 중국명 沖之鳥礁). 오키노토리는 원래 만조 때는 바위섬 거의 전부가 해수면에 잠기는 암초였다. 다만 가로 2m, 세로 5m, 높이 70cm 정도의 바위만 2개 수면에 드러나는데 해면에 노출되는 면적은 10㎡(독도 면적의 약 18,000분의 1)가 채 되지 않는 '현초(顯礁, 드러난 암초)'였다.

그 더블베드 넓이만 한 노출 부위마저 파도가 조금만 세게 몰아치면 잠겨버리곤 하는 현초를 일본 정부는 1987년 11월 26일부터 1989년 11월 4일까지 바위 주변에 철제블록을 이용, 지름 50m, 높이 3m의 원형 벽을 쌓아올리고 그 내부에 콘크리트를 부어 파도에 깎이는 것을 막음으로써 인공 원형섬으로 재탄생시켰다.

일본은 이를 기선으로 하여 200해리 EEZ를 설정함으로써 오키노토리의 EEZ 면적은 일본 국토면적(38만㎢)보다 넓은 약 42만㎢나 된다. 더 나아가 일본은 오키노토리 주변을 매립하여 제트기 이착륙이 가능한 활주로도 만들어 해양리조트를 건설할 계획까지 세워놓고 있다.* 중국은 현재

4-4 류큐 해역을 관통하여 오키노토리까지 항진하는 중국 함
대(2010.4.10).

까지 오키노토리를 '섬'이 아닌 '현초 또는 바위(岩)'에 불과하다며 이를 기선으로 한 EEZ 설정을 인정하지 않고 있다.

일본이 오키노토리에 가한 행위는 명백한 국제법 위반이며 해양제국주의 전형이라고 아니할 수 없다. 그것이 일본의 주장대로 현초가 아닌 섬이라고 해도, '인간이 거주할 수 없거나 독자적인 경제활동을 유지할 수 없는 암석은 배타적 경제수역(EEZ)이나 대륙붕을 가지지 아니한다'는 유엔해양법 협약 제121조 3항에 따라 기점으로 삼을 수 없다.

국제사회의 비판에 아랑곳하지 않고 1996년 일본은 '배타적 경제수역 및 대륙붕법'을 제정하면서 류큐군도 해역과 오키노토리 해역, 그리고 태평양 망망대해상의 미나미토리시마(南鳥島)해역(약 43만 km²) 등 총 447만 km²의 관할 해역을 선포했다.**

• 독도 면적은 187,554m² (네이버 백과사전 http://100.naver.com/100.nhn?docid=48656 참조). 국내 학계 일각에서는 오키노토리보다 18,000여 배나 더 넓은 독도가 섬(island)이 아닌 바위(rocks)라며 독도를 기선으로 하여 영해 및 배타적 경제수역을 설정하는 것은 국제법 위반이라고 주장하고 있다. 나는 이러한 견해에 대한 비판을 유보한다. 그 대신 대한민국의 독도에 대한 실효적 지배를 강화하기 위해서 일본이 콘크리트를 들이부어 건설한 인공섬 오키노토리의 사례를 참고로 독도항만과 공항, 독도촌 건설 등에 활용할 것을 제안한다.

•• 2011년 1월 3일, 일본 정부는 중국의 회토류 수출금지 조치에 대응하기 위해 미나미토리 인근 해역에서 망간단괴, 망간 각 개발 사업에 착수하였다. 《중앙일보》 2011-01-04 참조.

한국의 해양을 자르는 가위

그동안 독도에 대한 망발을 일삼던 일본은 2000년대 후반에 들어서부터는 망언(妄言)에서 망동(妄動)으로, 더욱 공격적으로 구체적인 도발을 공식화하기 시작했다. 2008년 4월 일본은 중학교 교과서 해설서에 독도 영유권을 표기하였다. 당시 유명환 외교통상부장관은 일본 정부에 신중한 판단을 당부(request, '부탁'의 외교적 표현)했다.

독도는 당연히 우리 땅인데 일본 정부에 강력하게 '항의(protest)'를 했어야지 왜 '부탁'만 했는가. 게다가 2010년 3월 일본은 모든 초등학교 5학년 교과서에 독도를 일본 영토로 명기하여 독도와 동해를 '다케시마'와 '일본해'로 만들기 위한 야욕을 갈수록 현재화하고 있다.

섬나라 일본은 바다를 닮아 퍼지기를 좋아하고 늘 움직인다. 자기 확대를 좋아하고 자기 한정을 싫어한다. 21세기 일본은 더욱 면밀하고 세련된 제국주의, 해양제국주의(Maritime Imperialism)로 줄달음치고 있다. 설상가상으로 뭍(육지)만 중시하던 중국이 물(해양)의 중요성에 눈을 뜨게 되어 막강한 경제력과 군사력을 바탕으로 실크로 포장된 중화제국의 해양대국화로 성큼성큼 나아가고 있다.

현재 중국 군사전략가들은 과거 서구열강에 침략당했던 것이 대양 해군의 부재 때문이라고 보고 있다. 이에 중국은 항공모함을 비롯해 잠수함과 이지스함 등의 건조에 박차를 가하고 있다. 중국은 2014년까지 2척의 항공모함을, 2020년까지 5척의 항공모함을 운용하는 체제를 구축할 방침이다. 지금 중국의 의도는 중국 군함이 류큐 해역을 자유자재로 드나들수 있도록 해군의 방위선을 태평양까지 확장하려는 것이다.

실제로 2010년 4월 중순에는 10여 척의 군함과 함정 탑재 헬리콥터 수십 대, 수 미상의 잠수함으로 구성된 중국 해군함대가 일본 당국에 사전 통고도 없이, 센카쿠 영해와 류큐 해역을 뚫고 오키노토리 해역까지 진출하여 일본 조야를 경악하게끔 하였다.

만일 해양제국 중국의 꿈이 이루어진다면 우리나라 제주 해역과 이어도 해역, 그리고 7광구에 대한 우리의 관할권은 치명적인 손상을 입을 것임에 틀림없다. 도서국가로서 생래적 팽창주의자인 일본은 어쩔 수 없다 치더라도, 차라리 바다의 중요성을 인식하지 못했던 과거의 대륙성국가 중국이 우리에겐 행복한 시절이었는지도 모른다.

지금 한반도는 중국과 일본, 식탐이 유난히 강한 이들 양대국의 참을 수 없는 팽창욕구의 희생양이 될 위험성도 없지 않다. 즉 우리나라를 사이에 두고 동서에 각각 위치한 일본-중국의 해양제국주의 노선은 한국의 해역을 잘라내 삼켜버리는 가위의 양날이 될 수도 있다. 냉철한 현실인식의 기초 위에서 주도면밀하면서도 담대한 대응책 마련이 시급하다.

5. 조선을 사랑한 류큐의 국기는 '태극기'였다
—이중종속 왕국, 류큐의 흥망사

잊어버린 것 외에 새로운 것은 없다.

잊혀진 왕국 류큐의 역사를 구분하면 대체로 5단계로 나누어진다.

1. 해상무역 왕국의 황금시대(14세기~1609년)

2. 중국-일본에 의한 제1차 이중종속시대(1609~1879년)

3. 제1차 일본의 단독지배시대(1879~1945년)

4. 미국-일본에 의한 제2차 이중종속시대(1945~1972년)

5. 제2차 일본의 단독지배시대(1972년~)

해상왕국, 류큐의 황금시대

류큐는 독립왕국이었다. 류큐는 지리, 역사적 풍토의 특수성에 조성된

5-1 삼국(삼산)시대의 류큐왕국.

고유한 전통과 문화적 배경을 가지고 있었던 아름답고 풍요로운 해상 왕국이었다. 규슈와 대만 사이의 태평양에 점점이 펼쳐져 있는 류큐군도의 섬들에는 10세기경부터 부족국가의 형태들이 출현하였다. 이들 섬은 저마다 안사(按司)라고 불리는 족장들이 지배하고 있었으며 족장의 지위는 서로 평등하였고 이들은 평화로운 교류를 하고 있었다.

12세기경 류큐군도의 최대 섬인 오키나와에 산남(山南), 중산(中山), 산북(山北)의 세 왕조가 탄생하였다. 류큐의 '삼산시대' 또는 '삼국시대'가 시작된 것이다. 삼국 중에는 오키나와 섬의 가운데 위치한 중산왕국의 국력이 최강이었고 산북왕국이 최약체였다. 류큐의 삼국시대에는 류큐군도 북부의 아마미 제도와 남부의 사키시마 제도는 미개한 상태였다.

1372년 명 태조 주원장은 양재(楊載)를 류큐의 삼국에 파견하여 조공을 바치게 하였다. 류큐는 푸젠(福建) 지방에 거주하는 36개 성(姓)씨의 선박 제조 전문기술자들을 받아들였다. 1406년 중산왕 찰도(察度)의 왕세자 무녕(武寧)은 재상 파지(巴志)에게 왕위를 찬탈당했다. 파지는 1416년에는 산북왕국을, 1429년에는 산남왕국을 차례로 정복하여 삼국을 통일하고 슈리(首里)성을 수도로 정했다. 조선의 세종대왕 시절에 해당하는 1430년, 명나라 선종은 파지에게 상(尙)씨를 하사하여 그를 중산국왕으로 책봉하였다. 역사는 상파지를 '제1상씨왕조의 개창자'로 부른다.

제7대 상덕(尙德)왕은 쿠메지마, 도쿠노지마 등 오키나와 주변의 열도를 정복하여 세력을 확장하였으나 1469년에 발생한 궁정 쿠데타에 의해 참살당했다. 이듬해 어쇄측관(御鎖側官, 지금의 재무부 장관)에서 왕으로 추대된 금원(金圓)은 왕세자의 신분으로 명나라에 부친상을 입었다고 보고하였다. 1472년 명나라는 사신을 파견하여 금원을 상원(尙圓)으로 성을 바꿔 부르고 그를 국왕으로 책봉하였다. 류큐 왕국사의 '제2상씨왕조'가 개창되었다.

제3대 상진(尙眞)왕의 재위기간(1478~1525)은 류큐의 황금시기였다. 상진왕은 북으로는 토카라 열도, 남으로는 미야코와 아에야마 열도를 정복하여 류큐군도 전역을 장악하였다. 또한 상진왕은 류큐의 품관제도, 신관제도, 조세제도 등을 정비하고, 순장의 악습을 폐지하고, 불교를 국교로 삼고, 류큐군도의 족장들을 슈리성에 거주하게 하고 사인(私人)의 무기 소지를 금지하는 등 류큐의 정치경제 체제를 확립하였다. 우리나라 역사로 치면 광개토대왕과 세종대왕을 한 몸에 겸했다고나 할까. 상진왕은 동아시아 해상왕국 류큐의 최고 명군이었다.

류큐는 중국과 일본, 조선을 비롯한 동아시아 여러 국가들과의 중개무역을 통해 국부를 축적하고 문화가 크게 발전하였다. 당시 류큐 무역선의 활동 범위는 조선의 부산포, 중국의 푸젠과 광둥, 일본의 규슈, 안남(베트남), 샴(타이), 자바(인도네시아), 루손(필리핀), 말라타(말레이시아) 등 동아시아 전역의 해외무역을 주름잡게 되었다.

특히 류큐는 명나라에 2년에 1회씩 조공무역을 하였는데 이는 명나라에 매년 3회씩의 조공무역을 행한 조선 다음으로 잦은 횟수이다. 류큐는 조공을 바친 대가로 중국과의 무역독점권을 획득하였으며 중국의 상품을

5-2 류큐왕국의 슈리 궁전(오키나와 소재).

수입하여 조선과 일본, 동남아시아 국가들에 수출하였고 조선과 일본, 동남아시아의 물산을 수입하여 명나라에 수출함으로써 해상중개무역의 중심지가 되어 황금시대를 구가하였다. 한국-중국-일본 동아시아 3국의 해양의 요충지에 위치한 류큐는 지정학적 우위를 살려 활발한 무역을 전개함으로써 찬란한 번영을 누렸다.

조선을 사랑하였던 만국의 다리, 류큐

지금 오키나와 현립박물관에는 슈리 왕궁의 정전에 걸려 있던 '류큐만국진량(琉球萬國津梁, 류큐 만국의 가교)' 동종이 전시되어 있다. 거기에는 이런 명문이 새겨져 있다.

류큐는 남해에 있는 나라로 삼한(三韓, 한국)의 빼어남을 모아 놓았고, 대명(大明, 중국)과 밀접한 보차(輔車, 광대뼈와 턱) 관계에 있으면서 일역(日域, 일본)과도 떨어질 수 없는 순치(脣齒, 입술과 치아) 관계이다. 류큐는 이 한가운데 솟아난 봉래도(蓬萊島, 낙원)이다. 선박을 항행하여 만국의 가교가 되고 외국의 산물과 보배는 온 나라에 가득하다.

동종의 명문이 한-중-일 동북아 삼국 중에서도 조선을 가장 먼저 언급하고 있는 데에서 류큐는 다른 나라를 좀처럼 침략할 줄 모르는 평화애호국인 조선에 대하여 동병상련이라 할까, 각별한 호감을 가지고 있었던 것으로 보인다.

류큐가 조선보다 양국 간의 교류에 적극적이었다. 《조선왕조실록》에 의하면 조선 개국 원년인 1392년, 류큐 국왕의 명을 받은 공식 사절단이 조선을 예방하여 태조 이성계를 알현하였다. 태조는 사절단 대표에게 정5품, 수행원들에게 정6품에 준하는 대우를 베풀었다. 류큐는 조선을 최초로 승인한 국가인 셈이다. 또한 《조선왕조실록》은 류큐 공식 사절단의 조선 방문은 40회인 데 반하여 조선 사절단의 류큐 방문은 3회로 기록하고 있다. 그 밖에도 양국의 각종 사료를 살펴보면 조선시대 거의 전 기간에 걸쳐 류큐와 밀접한 관계가 이루어졌음을 알 수 있다.

특히 조선 제9대 임금 성종(재위기간 1469~1494)은 해인사 팔만대장경의 인쇄본을 류큐 왕국에 선물로 보내기도 하였다. 슈리성 아래 있는 연못가의 한 건물이 대장경을 보관하던 장경판고였다. 조선 초기를 대표하는 학자 중의 한 사람인 신숙주는 《해동제국기》에서 '류큐는 땅은 좁고 인구가 많기 때문에 바다에 배를 타고 다니며 무역하는 것으로 생업을 삼는다. 서쪽으로는 남만(동남아시아) 및 중국과 통하고, 동으로는 일본 및 우리나라와 통하고 있다. 일본과 남만의 상선들도 류큐 수도에 모여든다. 류큐 백성들은 수도 주변에 점포를 설치하고 무역을 한다'고 서술하였다.

또한 허균의 《홍길동》은 실존인물로, 일본의 역사 교과서에 소개되는 류큐 민란의 주인공이며 민중 영웅인 적봉(赤峰) 홍(洪)가와라와 동일한 인물임을 주장하는 학설도 있다[*]. 설성경 교수는 홍길동은 연산군에 의해 비밀리에 석방되었으며 홍길동이 진출한 율도국이 바로 지금의 류큐라는 논지를 펼치고 있다. 홍길동 연구에 일가견이 있는 류큐대학의 다카라 구라요시(高良倉吉) 교수도 홍길동은 한국과 일본 오키나와 간의 교류사를 연구하는 데 중요한 키워드이므로 두 인물의 비교연구에 박차를 가해야 한다고 주장하고 있다.

예로부터 조선과 류큐가 이처럼 밀접한 교류를 맺을 수 있었던 이유는 양국의 뛰어난 해상운송 능력과 쿠로시오 해류 덕분이었다. 계절풍을 타고 동남아로 남하하면 크게 힘들이지 않고 류큐에 도착할 수 있고, 조난당한 조선인들이 류큐에 많이 표착한 사실이 이를 입증한다. 게다가 뛰어난 해상왕국이었던 신라와 고려의 전통을 이어받은 조선이 동남아 항해의 출발점이 될 류큐에 주목한 것은 당연한 이치였을 것이다.

류큐는 조선과의 무역에 적극적이었다. 중국과 동남아 각국의 물산을 매매하는 시장으로서도 중요했기 때문이었다. 그러나 조선의 부산포로 향하는 류큐 무역선의 항해 루트는 '왜구'가 출몰하는 바다였다. 류큐는 15세기 말엽에 방침을 바꿔 조선에 직접 무역선을 파견하지 않고 규슈와 대마도의 상인을 매개로 한 간접무역 방식을 취하게 되었다. 《조선왕조실록》에도 왜구들이 류큐의 사신이라고 사칭하며 조선과의 무역을 요구하는 사례가 끊이지 않았다고 적고 있다. 그리하여 조선-류큐 사이의 직접무역은 빈껍데기만 남고, 양자 사이에 왜구가 끼어드는 형태가 되었다.

• 설성경, 《홍길동전의 비밀》, 서울대학교출판부, 2004년.

아빠 나라 중국, 엄마 나라 일본

류큐의 황금시기는 1609년 도쿠가와 막부의 사주를 받은 사스마 번(지금의 가고시마 현, 화산이 폭발적 분화를 일으키고 있는 지역)이 류큐를 침략함으로써 종지부를 찍게 되었다. 1609년 3월 22일 사스마 번주 시마즈는 3천여 병사를 100여 척의 함선에 싣고 가와야마(川山) 항을 출항하였다. 4월 1일 오키나와에 상륙하고 4월 5일 슈리성을 함락하였다.

5-3 류큐만국진량종(오키나와 현립박물관 소재).

오랫동안 지속된 평화 속에서 무사 안일의 단잠을 자고 있던 류큐는 일본의 무력침략에 저항다운 저항 한번 못해 보고 불과 닷새 만에 정복되어 버렸다. 5월 17일 사스마 군은 상녕왕과 왕자와 관리들 백여 명을 포로로 잡아 사스마 번으로 끌고 갔다. 사스마 번은 도요토미 히데요시가 조선을 침략할 당시 류큐에 군량 징발 요구를 하였는데 류큐가 이를 거부하여 사스마 번이 대신 지불한 빚을 갚기 위한 것이라고 침략의 이유를 밝혔다.

그러나 그것은 구실일 뿐이고 진짜 이유는 다른 데 있었다. 단기적으로는 류큐를 정벌해서 얻은 이익으로 사스마가 임진왜란과 일본내전에 참전하면서 들어갔던 군비와 손실을 충당하려는 것이었고 장기적으로는 중국과 류큐 사이의 무역이익을 갈취하려는 것이었다.

상녕왕은 사스마 번에 끌려간 지 2년 반 만에 돌아와 복위되었지만 그때부터 류큐는 왕년의 해상독립왕국다운 면모는 사라지게 되었다. 류큐의 역사서 《구양(球陽)》은 '사스마 번은 류큐에 재번봉행(在番奉行)이라는 감독관을 슈리성에 주재하게끔 하여 내정을 간섭하였다. 농지를 측량하여 감독관 휘하에게 분배해 주고, 사스마 번에 막대한 세금과 공물을 바칠 것과 사스마의 허가 없이 제3국과의 무역을 금하도록 하였다고 기록하였다.

사스마 번의 괴뢰로 전락하게 된 류큐는 1693년 토카라지마 등 류큐 북부 5개 섬을 사스마 번에 할양하였다. 이는 바로 류큐군도 최북단의 섬들인 토카라 제도의 행정구역이 오키나와 현이 아니라 가고시마 현에 속하게 된 사연이기도 하다.

결국 류큐는 '아빠 나라 중국, 엄마 나라 일본'을 옹알거려야 연명할 수 있는 병든 병아리처럼 쇠약한 이중속국이 되어버렸다. 중국은 책봉체제 하에서 류큐를 상징적으로만 지배했으나 경제적으로 수탈하지 않았던 반면, 일본은 사스마 번을 통하여 가혹한 정치적 지배권을 행사하였으며 경제적으로 류큐 주민들에게 많은 고통을 안겨 주었다.

사스마 번은 류큐 지배를 정당화하기 위해서 하네지 조수(羽地朝秀, 1617~1676)를 비롯한 관변학자들에 명하여 류큐와 일본이 고대로부터 밀접한 관계를 맺어왔으며 류큐인은 일본인과 동일한 대화민족이라는 논조, 즉 일

5-4 옛 류큐왕국의 국기 '삼태극기'. 우리 태극기와 비슷하다. 삼태극기에는 어떤 뜻이 담겨 있을까? 이에 대한 명확한 답을 주는 사료는 없다. 류큐 왕궁의 동종에 새겨진 명문의 첫머리, "류큐는 삼한의 빼어남(三韓之秀)을 모았다"에서 유추한다면 "류큐는 한국의 알짜만을 모은 나라"를 상징하는 것은 아니었을까?

본과 류큐는 조상이 같다는 '일유동조론(日琉同祖論)'에 근거한 류큐 국사 《중산세감(中山世鑑)》을 편찬하게 하였다.

그러나 여전히 사스마 번은 중국 몰래 류큐의 무역이익을 독점하기 위하여 고심하지 않을 수 없었다. 청나라 황제가 파견한 '천사(天使, 천자의 사절)'가 류큐 왕을 책봉하기 위하여 류큐로 올 때마다 그 섬들이 일본의 지배하에 있는 모든 흔적을 감추도록 하였다. 청나라는 말엽에 이르기까지도 류큐가 오래전에 이중속국이 되어버린 사실을 모르고 있었다.

이를테면 1847년 청나라 정부는 류큐의 마지막 왕 상태(尙泰)를 책봉하기 위하여 조신(趙信)을 책봉사로 파견하였는데 조신이 보고한 《속유구국지략》에는 일본이 류큐를 실제로 장악하고 있다는 사실을 전혀 인식하지 못하고 있음이 나타나 있다.

페리제독과 미-일, 미-류 화친조약

1854년 3월, 미국의 페리(Matthew C. Perry) 제독이 가나자와에 흑선 함대를 정박시켜 놓고 에도 막부와의 '미일화친조약'을 체결하는 과정에서 류큐의 나하항을 개방하라고 요구하였다. 이때 일본 측은 '류큐는 아주 멀리 떨어진 독립국가로서 일본은 나하항의 개방권을 가지고 있지 않다'고 둘러댔다.

5-5 일본과 류큐를 개항시켜 각각 화친조약을 체결한 페리 제독.

그러자 1854년 7월 페리 제독은 직접 류큐의 나하항으로 예의 흑선 함대를 몰고 왔다. 결국 류큐 정부는 페리 제독과 나하항을 개항한다는 내용의 영문과 중문으로 각각 기재된 '미-류(琉) 화친조약'을 체결하였다. 류큐는 완전한 독립국의 자격으로 미합중국 정부와 국제조약을 체결한 것이다. 류큐는 역시 완전한 독립국의 자격으로 1855년에 프랑스, 1859년에 네덜란드, 1860년에 이탈리아와의 수호조약을 연이어 체결하였다.

류큐가 체결한 국제조약들에 어떠한 이의 표시도 하지 않던 일본은, 1871년 청나라에 대만에서의 류큐인 살해사건에 대한 배상을 요구하면서 류큐인은 일본인이고 류큐는 일본 영토라고 공언하였다. 1874년, 메이지 유신 정권의 우이를 쥐고 있던 오쿠보 도시미치는 메이지 정부에 외교수단만으로 류큐의 병탄이 불가능하다는 보고서를 올렸다.

프랑스 국적의 법률고문 바나쌍의 자문을 받은 오쿠보는 만국공법(국제법)상의 조약은 얼마든지 왜곡 가능한, 즉 해석하기 나름인 종잇조각일 뿐이며, 무력에 의해서만 류큐의 완전한 정복이 가능하다고 역설하였다. 오쿠보의 주장은 메이지 정부의 제국주의 대외팽창 노선의 일환으로 최우선 채택되었다. 류큐는 일본 제국주의의 첫 먹잇감이 된 것이다.

1875년 초, 오쿠보는 류큐의 3정승격인 삼사관들을 도쿄로 소환하여 류큐에 대한 천황의 처분을 받아들이게 하였다. 오쿠보는 삼사관들을 접견하는 자리에서 류큐의 정치제도를 메이지 유신의 폐번치현식으로 뜯어고칠 것과 청나라에 조공을 금하고 청나라의 연호를 쓰지 말 것을 요구하였다. 그러자 삼사관들은 오쿠보의 요구는 류큐에 대한 자살 명령이나 다름없다고 판단, 즉답을 피하고 류큐로 돌아가 류큐 왕에게 보고한 후에 왕의 재가를 얻어야 한다고 말했다.

삼사관들의 보고를 접수하는 자리에서 류큐 왕은 시일을 최대한 끄는 지연책을 쓰는 한편, 청나라에 비밀리에 조공을 계속 바칠 것을 주문하였다. 류큐 왕은 청나라와 조공관계를 지속해야만 장래 류큐가 청나라의 원조를 받을 수 있다고 믿었다.

마쓰다 10개 조항과 을사늑약

일본은 류큐의 지연책을 그냥 두지 않았다. 1875년 7월, 일본은 내무대신 마쓰다 미츠유키를 류큐에 파견하여 이른바 '마쓰다 10개조항'을 반포하게 하였다.

1. 2년에 1회 청에 조공을 바치는 것과 청 황제 즉위식에 경축 사절을 파견하는 것을 금함.
2. 류큐 번왕의 즉위 시에 청의 책봉을 받는 것을 금함.
3. 류큐는 메이지의 연호를 따라야 하고 일본의 의례를 받을 것.
4. 형법은 일본이 정하는 바대로 시행하여야 하며 2~3명의 전문가를 도쿄에 파견하여 학습할 것.
5. 류큐 번의 내정을 개혁할 것. 류큐 번왕은 1등관으로 보임하고 관제를 개정하여 칙임, 진임, 판임 및 등외관의 명목을 정할 것.

여기에다 마쓰다는 자신의 설명서를 덧붙여 여러 조항을 증가시켰다.

6. 청의 연호를 따른 것을 금한다.
7. 류큐 번왕은 반드시 직접 정책을 집행하여야 하고 섭정할 수 없다.

8. 중국 푸저우(福州)에 있는 류큐 영사관을 폐지하고 류큐의 상업을 일본 영사관의 관할하에 둔다.

9. 류큐 변왕 자신이 직접 도쿄로 와서 메이지 천황의 은혜에 감사를 표한다.

10. 일본은 류큐 번내에 일본 군대를 주둔시킬 수 있다.

'마쓰다 10개 조항'이 공포되자 류큐의 각지 주민들은 격분하여 시위와 폭동을 일으켰다. 상태왕은 충격에 빠져 며칠간 실어증에 시달려야 했다. 류큐 측 삼사관과 일본 측 마쓰다 간의 논쟁의 귀결점은 류큐가 계속 중국과 일본의 이중종속국 지위를 유지하는가 아닌가의 문제로 압축되었다.

류큐 측은 중국과 일본 두 나라를 부모의 나라로 섬겨온 류큐왕국의 기틀을 갑작스레 변경시킬 수 없다며 난색을 표하였다. 대내적으로는 일본 연호를, 대외적으로는 중국의 연호를 사용해 온 것이 관례이므로 갑자기 고칠 수는 없는 일이며, 왕자가 왕을 대신하여 도쿄로 갈 것을 간청하였다.

류큐의 지배층은 마쓰다 10개 조항의 수용은 곧 그들의 지배체제를 일거에 붕괴시키는 의미로 인식하였기 때문에 필사적으로 반발하였다. 류큐 평민층의 민심은 더욱 흉흉하였다. 류큐의 평민들은 각급 학교에 운집하여 일본의 요구를 단호히 거절할 것을 촉구하는 대일본규탄대회를 개최하였다. 특히 슈리성의 주민들은 마쓰다의 숙소 앞에 시위를 벌이고 즉각 마쓰다 일행이 류큐 땅에서 물러날 것을 요구하였다.

2개월에 걸친 협상에도 불구하고 이렇다 할 성과를 보지 못한 마쓰다는 일단 빈손으로 일본으로 돌아가야 했다. 마쓰다가 귀국선에 오르자마자 류큐 왕은 도쿄에 친서를 휴대한 특사단을 보낸다.

"류큐와 중국은 5백여 년에 걸쳐 서로 인연을 맺어 왔으며 신의로 연결되어 있어 그 인연을 끊기란 실로 어려운 일인 줄로 알며, 더구나 중국식 직제와 연호 및 의례 등을 일거에 폐지하고 귀 일본 정부를 따르는 일은 실로 곤란한 줄 아뢰오."

류큐의 특사단은 메이지 정권의 최고 실세 오쿠보를 만난 자리에서 만약 일본이 청나라와 직접 교섭하여 '마쓰다 10개 조항'을 청나라가 승인한다면 류큐도 일본의 요구에 따를 것이라는 절충안을 제시하였다. 그러자 오쿠보는 류큐가 일본의 판도라는 사실은 이미 청나라가 명시적, 묵시적으로 승인하였는바, 류큐는 순전히 일본 내정문제라고 선을 그었다.

한편으로 일본은 류큐가 청나라에 직접 구원을 요청하는 길을 차단하기 위해 24세에 미국공사가 되어 이름을 떨친 외교관 모리 아리노리(森有禮, 1847~1889)의 건의를 받아들였다. 모든 류큐 주민이 청나라에 가려면 반드시 일본 정부의 여행 허가를 얻어야 하며, 사사로이 청나라를 여행하는 자는 극형으로 다스린다는 금족령이 류큐 특사단에 하달되었다.

그해 일본 정부는 류큐에 대한 관리를 외무성에서 내무부로 전환하는 등 류큐의 외교권과 사법권을 박탈하여 완전한 류큐병탄의 길을 닦아 놓았다. 그로부터 30년 후인 1905년, 일본제국은 대한제국을 강박하여 을사늑약(을사보호조약)을 체결케 함으로써 대한제국의 외교권을 박탈하였다.

6. 그들도 이준처럼 자결했다
—30년 터울, 류큐와 조선의 병탄사

찬란했던 류큐 왕국의 추억이 검은 넥타이처럼 만져진다.

1876년 일본 정부는 모든 류큐 주민의 중국 여행을 엄금하였다. 그해 12월 어느 날 밤, 오키나와 나하항의 후미진 부두 어귀에는 작은 어선 한 척이 닻을 올렸다. 어선에는 초라한 어부 행색의 '특별한 세 사람'이 타고 있었다. 그들은 바로 3인의 밀사, 류큐 마지막 왕의 밀명을 받은 향덕굉(向德宏), 임세공(林世功), 채대정(蔡戴程)이었다.

어선의 항로는 희한했다. 이렇다 할 풍랑도 없었는데 처음에는 북동쪽 일본으로 향했다가 닷새쯤 되던 날, 선수를 반대편으로 슬그머니 돌려 남서쪽 중국으로 한 열흘간 항행하였다. 그렇게 어선은 닷새는 북동쪽으로, 열흘은 남서쪽으로 항행하길 반복했다.

어선은 이듬해, 1877년 4월에야 푸젠(福健, 대만의 맞은편에 위치한 중국 남동부의 성) 해안에 상륙하였다. 3인의 밀사는 하선하자마자 곧장 푸

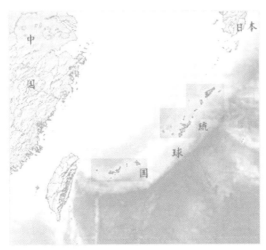

6-1 19세기 류큐왕국.

젠성 순무(巡撫, 성 최고행정책임자)에게 류큐 왕의 친서를 올렸다. 거기에는 류큐가 사실상 일본의 지배하에 놓이게 되었다는 실정은 누락한 채, 다만 일본이 류큐의 청나라에의 조공을 방해하고 있으니 청나라가 일본에 압력을 가해달라는 내용이 주를 이루고 있었다. 푸젠성 순무는 6월 14일 마땅히 류큐를 구해주어야 한다는 의견서를 첨부하여 베이징 조정에 상신하였다.

류큐 왕의 밀서를 받은 청나라 조정은 난감했다. 당시 청나라는 자국의 방위도 힘겨웠다. 북으로는 러시아와의 영토 갈등으로, 남으로는 월남 문제로 인한 프랑스와의 분쟁으로 골머리를 앓고 있었다. 이홍장을 수뇌로 한 양무파들은 평화를 유지하여 중국의 자강을 꾀하려 하였다.

초기 양무파의 외교 구상의 골간은 '연일항아(聯日抗俄)' 즉 '일본과 연합하여 러시아의 남침에 대항하자'는 것이었다. 이홍장은 미약한 중국의 해군력으로 류큐를 구하려는 것은 무모한 행위일 뿐만 아니라 동중국해 바다 건너 조그만 섬들보다는 광활한 북쪽과 남쪽의 영토를 지키는 것이 훨씬 시급한 일이라고 판단하였다. 결국 청 정부는 류큐에 원군을 파견하지 않기로 최종 결정을 내렸다.

철석같이 믿었던 종주국의 '류큐 포기'라는 비보를 전해들은 향덕굉과 임세공은 배신감과 절망감에 치를 떨었다. 두 밀사는 머리를 삭발하고 탁발승으로 변장, 텐진을 향해 떠났다. 텐진에 도착한 다음 날 아침, 그들은 이홍장의 관저 대문 앞에 꿇어 앉아 혈서를 썼다.

"류큐 신민들은 살아서도 일본인으로 살 수 없고, 죽어서도 일본의 귀신이 될 수 없다. 대청제국은 조속히 출병하여 류큐를 구해 달라."

두 밀사는 며칠을 단식하며 빈사의 조국을 구해 달라고 큰 소리로 울부짖었다. 하지만 간혹 행인들이 가던 길을 멈추고 흥미로운 표정으로 수군거리며 지켜볼 뿐, 굳게 닫힌 이홍장 관저의 대문은 열리지 않았다. 그러던 일주일째, 임세공은 남동쪽 머나먼 류큐 왕궁을 향해 세 번 절한 후 비수로 심장을 찔러 자결하였다.

류큐 왕이 사신을 청나라에 비밀리에 파견하여 구원을 요청한 사실을 알게 된 일본 정부는 최후의 조치를 취하기로 결정했다. 이미 입안에 넣은 눈깔사탕 같은 섬나라를 목구멍 속으로 삼켜 완전한 자기 것으로 삭혀 버려야겠다고 결심한 것이다.

1879년 3월 27일, 일본 정부는 내무대신 마쓰다에게 500여 명의 병력을 딸려 류큐로 급파했다. 일본군은 도성인 슈리성을 무력 점령하고 4월 4일 류큐 번을 폐지하고, 오키나와 현을 둔다는 포고령을 전국에 포고하였다. 연이어 류큐의 마지막 왕 상태와 왕자들을 도쿄로 압송하였다.

1875년 류큐가 '마쓰다 10개 조항'으로 사실상 일본에 합병된 지 30년이 되던 1905년, 대한제국은 을사늑약(을사보호조약)으로 사실상 일본의 식민지가 되었다.

1877년 류큐 상태왕의 3인의 밀사가 실패한 지 역시 30년 만인 1907년 대한제국의 고종황제는 헤이그에 개최되는 제2회 만국평화회의에 이상설, 이준, 이위종 3인의 밀사를 파견하였다. 거기서 그들은 일제의 무력적 침략행위의 부당성을 폭로하고, 국제적인 압력으로 이를 막아줄 것을 호소하였으나, 일제의 방해로 뜻을 이루지 못하고 이준은 현지에서 분사하였다. 결국 이 사건은 일제에 역이용당하여 고종황제가 강제로 퇴위당하고, 군대가 해산되는 결과를 초래하였다.

류큐의 청나라 밀사 사건 3년 만에 일본은 류큐를 완전히 병탄하였던

구분	류큐-한국	연도	조약 또는 사건명	주요인물	결과
사실상 병합	류큐왕국	1875년 30년 후 ↓	마쓰다 10개항 공포 (일제, 사실상 류큐병합)	오쿠보, 마쓰다	일본 내무성에서 류큐 관할 시작
	대한제국	1905년	을사늑약 (일제, 사실상 한국병합)	이토 히로부미	통감부 설치, 외교권 박탈, 보호정치
밀사 파견	류큐왕국	1877년 30년 후 ↓	상태왕, 청나라에 3인의 밀사 파견	향덕굉, 임세공, 채대정	임세공 자결, 중국의 류큐 포기 결정
	대한제국	1907년	고종황제, 헤이그에 3인의 밀사 파견	이상설, 이준, 이위종	이준 분사, 고종황제 강제 퇴위, 대한제국 군대 해산
완전 병합	류큐왕국	1879년 31년 후 ↓	류큐병합	마쓰다	일본의 오키나와 현화
	대한제국	1910년	한일병합	테라우찌	총독부 설치, 일본의 식민지화

6-2 30년 터울, 일제의 류큐와 대한제국 병탄사.

것처럼, 헤이그 밀사 사건 3년 만에 일본은 반만년 유구한 역사의 한반도를 병합하여 버렸다. 이처럼 19세기 말과 20세기 초, 류큐에서 한반도에 이르는 공간(지리)에서 되풀이된 시간(역사)의 반복성은 선명하게 드러난다. 다만 그 반복성의 색조가 지나치게 어둡다.

7. 땅은 쓸모없고 바다는 막혀 중국은 비좁다

─좁은 중국의 족쇄, 류큐

중국은 칠레가 아니다

나는 실크로드 기행을 떠나는 중이었다. 중국 간쑤(甘肅) 성 중심도시 란저우(蘭州) 공항에서 둔황의 모가오(莫高) 석굴로 날아가는 비행기에 몸을 실었다. 중국 지방의 중소도시를 연결하는 여객기는 저속으로 저공 비행하는 습성을 알고 있는 나는 일부러 창가 쪽에 자리를 잡았다.

새가 높은 하늘에서 아래를 내려다보는 것처럼 전체를 한눈에 관측하는, 즉 조감(鳥瞰)의 쾌감을 맛보기 위해서였다. 회색의 사막이 망망대해처럼 끝없이 펼쳐졌다. 무(無)를 연상시키는 회색이 주는 무료함의 모래사막 지대를 건넜다 싶더니 암갈색의 암석사막 지대가 전개되었다. 간간이 모래사막과 암석사막 사이에 풍화된 암황색의 잔구가 섬처럼 스쳐 지나갔다.

7-1 중국 간쑤 성의 고비.

청량음료를 몇 잔씩 들이켰다. 갈증을 다스릴 수 없었다. 뭔지 모를 그 목마름의 원천은 뭘까. 나는 물줄기나 오아시스, 초원이나 산림지역을 굽어 살피고 싶었던 것이다. 녹색을 향한 갈증이었다. 녹색을 만나면 환호성이라도 지를 것 같았다. 그러나 무려 세 시간의 짧지 않는 비행을 마친 여객기가 둔황공항에 나래를 접을 때까지 단 한 점의 녹색도 볼 수 없었다.

지도를 살펴보니 놀라운 사실을 발견했다. 란저우─둔황 간 약 1500㎞의 비행항로 주변지역에는 초원이나 산림은커녕 단 한 줄기의 내천이나 한 방울의 오아시스도 없는 이른바 '무인지대'였다.

우리가 흔히 고유명사로 알고 있는 '고비 사막(Gobi Desert)'의 '고비(戈壁, 중국어 발음으로 거비)'는 중국에서는 사막의 일종인 보통명사로 사용된다. 고비란 원래 몽골어로 '풀이 잘 자라지 않는 거친 땅'이란 의미로서, 모래땅이란 뜻은 내포되어 있지 않다. 중국에서 고비는 대부분의 지역이 암석사막을 이루고 있고 모래사막으로 된 지역은 매우 적다.

국토면적이 넓어 별의별 지형이 많은 중국에서는 사막지역도 크게 넷으로 구분된다. 모래사막의 '사막', 암석사막의 '고비', 풍화된 건조한 구릉의 '풍화잔구(風化殘丘)', 사막화가 진행 중인 '사막화지역' 등이다. 이러한 사

70

막지역의 총면적은 2008년 현재 198.24만㎢로 중국 전체 면적의 20.6%에 달하는 어마어마한 크기(남한 면적의 약 20배)이다.

설상가상으로 근래 중국의 사막화 상황은 개선되기는커녕 악화일로에 있다. 1980년대는 매년 제주도 넓이만 한 약 2천㎢의 사막화가 진행되더니 2000년대 들어와서는 충청북도 면적만 한 7천여㎢의 사막화가 진행되고 있다.

비단 사막뿐만이 아니다. 아래 〈중국지형도〉를 살펴보라. 시장(西藏, 티벳)과 칭하이(靑海)의 대부분, 스촨(四川)과 신장(新疆), 간쑤 일부 지역은 보통 사람이 산소통 없이는 호흡하기조차 곤란한 해발 3천~7천m 이상의 고산지대(중국 전체 면적의 약 5분의 1)이다.

중국은 저 남미대륙의 띠처럼 긴 칠레가 아니다. 동부 해안지역의 번화한 도시가 중국대륙의 언뜻 기름지게 보이는 뱃가죽이라면 중서부 내륙의 피폐한 농촌은 아직도 간고함을 면치 못하고 있는 중국의 뱃속이다. 내륙의 보통사람들에게는 아직 의식주가 아닌 식의주가 통용되고 있는 나라가 중국이다.

사람들이 착각하고 있는 부분은, 중국은 땅도 넓고 물자도 풍부하다는 생각이다. 중국은 넓지만 비좁다. 한반도의 44배, 남한 영토보다 96배나 넓은 960만㎢의 영토면적, 세계 3위의 중국은 얼

7-2 중국 지형도.

핏 보면 넓은 것처럼 보인다. 그러나 중국 땅은 13억 인구를 먹여 살릴 만큼 물자가 풍부하지 않고, 중국의 바다는 일본보다도 좁다. 미국은 농사를 지을 수 있는 땅이 80%를 차지하나 중국에서 경작할 수 있는 땅은 불과 15%밖에 되지 않는다. 석유나 철광 등 지하자원도 미국이나 러시아의 20~30%밖에 되지 않는다.

중국은 세계 경지 가능 총면적 중 15분의 1을 점유할 뿐이다. 그런 중국이 인류의 5분의 1을 굶기지 않고 먹여 살린다는 것이 참 용하다. 중국인이 생활하기에 적합한 생존적지는 좁아 동부의 평야지대에 인구가 밀집해 있다. 상하이의 도시지역만 하더라도 서울시의 8배 인구밀도로 1㎢당 약 4만 명이 살고 있다. 다시 말해 세계 5분의 1에 달하는 인구가 세계의 생활하기 적합한 생존적지의 7%에서 살아가지 않으면 안 된다.

제아무리 중국의 힘이 커진다손 치더라도 지정학적 특성상 사막이나 고원이 대부분인 서쪽으로 나아가 보아야 별 볼일 없다. 결국 현대 중국의 팽창욕구 주력 방향은 동쪽의 바다로 쏠릴 수밖에 없다.

돌아누운 태평양

바다는 옆으로 퍼지기를 좋아하고 늘 움직인다. 바다는 자기 확대를 좋아하고 자기 한정을 싫어한다. 바다에는 도로가 없다. 바다 자체가 누구나 통할 수 있는 길이다. 바다에 사는 물고기들마저도 경계선을 모르고 살고 있지 않은가. 바다는 활동하기 좋아하는 메신저이기도 하다. 바다는 이 해안 저 해안에 부딪쳐 보기도 하고, 세계의 흐르는 물을 다 안 아보는 것이다. 바다는 개방주의자요, 세계주의자인 것이다.

헤겔은 '바다는 정복과 무역을 위해 인류를 부른다'라고 하였다. 그런데 바다의 여왕 태평양을 바로 곁에 두고서도, 그 여왕이 부르는 노래 '자유와 무역'을 중국인들은 악녀의 유혹으로 알았을까? 중국인의 눈에는 뭍이나 대륙만 보였지 바다는 보이지 않았나 보다.

아담 스미스는 1776년에 유명한 《국부론》을 출간하였다. 이 책에서 그는 '한 나라의 침체는 해외무역을 중시하지 않는 데 그 원인이 있으며, 쇄국은 반드시 자살로 향하게 된다'고 했다. 인류에게 있어 15세기는 매우 중요한 전환기가 되었다. 인류는 뭍으로부터 바다로 눈을 돌리게 되었다. 바다는 태평양, 인도양, 대서양을 막론하고 뭍 위에 사는 모든 인류들을 향해 넓은 가슴을 활짝 펼쳤다.

이 중요한 시기에 하필 명 태조 주원장은 항해 금지령과 해안 봉쇄령을 반포했다. 그는 역대 중국 왕조 창업자가 으레 그러하듯, 홍건적의 졸병으로서 두각을 나타내다가 세계 최대 최강의 대제국이었던 몽골의 원을 몰아내고 다시 한족 중심의 중국을 건설했다. 국가의 정치이념인 관방적 유가사상과 쇄국정책으로 유럽과 교역을 차단하는 대신 중국대륙을 관통하는 대운하의 완성을 이루었다. 이로 인하여 해안을 통해 실어 나르던 공물을 해적들로부터 지키던 당시 세계 최강의 해군을 해체시켰다.

중국은 거대한 영토에서 생산되는 엄청난 양의 곡식과 물건만으로도 철저하게 자급자족이 이루어졌고 또한 강력한 전제적 정치력을 행사하기 위해, 무역을 통해 번 많은 돈을 가지고 세력을 행사하던 지방 토호들을 제압하여 외국과의 교역을 단절하게 된다.

이와 같은 '금해(禁海)' 정책은 중국을 국제사회에서 고립시키고, 사회의 분업과 상품경제의 발전 및 자본주의 싹의 성장을 가로막은, 중국사에 있어서 가장 어리석은 자충수였다. 중국은 아시아의 태양이 떠오르는 곳이던 태평양을 누빌 수 있었을 역사적 선택의 좋은 기회를 스스로 놓치고, 오히려 태양을 다시 떠올리기 어렵게 태평양 연안에다 만리장성 아닌 만리장성을 쌓았다.

그리고 돼지 앞에 진주라는 말이 연상되듯, 류큐라는 진주알 140여 개를 일본에 고스란히 넘겨주고 말았다. 중국과 태평양을 잇는 가교인 류큐를 잃고, 중국은 바보처럼 자신이 꼰 새끼줄로 자신을 묶어버렸다. 위대한 중국의 시대는 끝났다. 중국은 태평양을 잃고 말았다. 태평양은 바다 중의 바다요, 바다 중의 황제이다. 바다는 본래 모든 생명의 고향이다. 지구의 돌변 속에서 일찍이 바다는 인류 조상의 생명을 어머니가 자식을 대하듯 보호하고 키워주었다. 그런 어머니의 바다, 태평양을 중국인은 외면하였다. 태평양 역시 중국을 외면하고 돌아누웠다.

그런데 오늘날 중국은, 미국과 함께 세계를 주도하는 명실상부한 G2가 되기 위해서는 미국과 함께 태평양을 반분해야 하며, 우선 중국이 태평양으로 나가는 길을 봉쇄하는 철책 기능을 하는 류큐 체인을 돌파하는 일이 급선무라는 사실을 알아차렸다. 그래서인가. 지금 중국은 스스로 버리다시피 했던 류큐를, 이미 130여 년이라는 오랜 세월 동안 일본의 오키나와 현으로 굳어진 류큐군도의 140여 개 섬과 해역을 몽땅 돌려달라고 한다.

힘이 좀 세졌다고 객기를 부리는 말로 여기며 그냥 넘어갈 수 없다. 문제의 심각성은 말로만 그러는 게 아니라 주먹질과 발길질을 하기 시작하는 데 있다. 개혁개방 초기, 주로 국제무역과 경제관계를 통한 소프트 파워를 키워왔던 중국이 이제는 류큐 해역에 대규모 함대를 파견하는 등 노골적인 무력도발을 감행하고 있다. 21세기 중화제국, 그 팽창주의 야욕의 발톱이 류큐 해역에서 적나라하게 되살아나고 있다.

8. 조공을 못한 일본은 아시아의 왕따였다
―그랜트의 류큐 3분안

이홍장–류큐–그랜트

1879년 4월 4일은 류큐왕국이 숨을 거둔 날이자 일본의 오키나와 현으로 다시 태어난 날이다. 그날로부터 달포 반쯤 지난 뒤, 5월 27일 미국의 제18대 대통령을 역임한 율리시스 심슨 그랜트(Ulysses Simson Grant, 1822~1885, 미국남북전쟁 때의 북군 총사령관, 대통령 재임기간 1869~1877)*는 중국대륙의 텐진(天津)에 첫걸음을 내디뎠다.

고향 오하이오에서 회고록을 집필하고 있던 그랜트는 일본의 류큐병탄 소식을 접하자마자 샌프란시스코행 미대륙횡단열차를 잡아탔다. 그는 태평양과 아시아로 향하는 관문인 아름다운 샌프란시스코에서 머뭇거리지

• 중국을 최초로 방문한 현직 미국 대통령은 제37대 리처드 닉슨(1972년 2월 21일 방중)이지만 전직 미국 대통령은 그랜트이다. 참고로 그랜트는 역대 미 대통령으로서는 최고 고액권인 50달러권 인물이다. 100달러권 인물 벤자민 프랭클린은 대통령을 역임한 바 없다.

않았다. 곧장 항구로 달려가 요코하마 경유 텐진행 태평양횡단여객선에 노구를 실었다.

미대륙횡단열차에 이은 태평양횡단여객선 40여 일의 긴 여정 끝에 텐진항에 도착한 그랜트는 여독을 풀려고 하지 않았다. 배에서 내린 다음날 곧바로 청 조정의 실세인 이홍장과 만나고 5월 30일에는 베이징으로 가서 공친왕을 예방하였다. 6월 12일 다시 텐진으로 돌아온 그랜트는 수행원 융(J. R. Young)과 부영사 페식(W. N.

8–1 전 미국대통령 그랜트와 청나라 실권자 이홍장, 1879. 6. 12. 텐진.

Pethic)을 대동하고 이홍장의 관저를 방문하였다.

이처럼 그랜트의 휘황한 동선에서 철인3종*이 오버랩 된다. 그 무엇이 전직 미국 대통령으로 하여금 마치 철인3종에 임하는 선수처럼 초강행군을 불사하게 만들었을까?

서부 개척이 완료될 무렵 당시 미국 지도층은 태평양을 미국의 '내륙호'로 보았다. 그랜트는 일본의 류큐병탄은 아시아의 힘의 균형이 중국에서 일본으로 이동함을 의미한다고 내다보았다. 그리하여 향후 내륙호 서편에서 미국이 차지할 몫을 일본이 선점하도록 방관해서는 안 된다고 판단한

• 바다수영, 사이클, 마라톤을 한 사람이 쉬지 않고 실시하며 인간 체력의 한계에 도전하는 경기.

것이다.

"본인은 미합중국의 현직 대통령 자격이 아니라 은퇴한 민간인의 신분으로 귀국을 방문했다. 류큐 처리 문제를 대인과 상의할 목적으로 태평양을 건너오게 되었다."

동양의 노대국과 서양의 신흥강대국의 전 현직 정상이 처음으로 마주한 역사적 회담의 키워드는 다름 아닌 '류큐'였다.

"본 대청제국은 골치 아픈 여타 국내외 문제들 때문에 류큐에는 미처 신경 쓸 여력이 없었는데…… 그 섬들이 귀국에게 그렇게 중요한 것인가?"

"류큐군도는 미합중국의 국익과는 직접적인 관련이 없다. 그러나 류큐는 작은 섬들로 구성되어 있지만 그것이 차지하고 있는 지정학적 위치의 중요성은 실로 크다. 류큐가 일본의 손에 들어가면 천하의 패권은 귀국에서 일본으로 넘어가게 될 것이다."

"원래 왜구의 소굴이나 매한가지인 섬나라 일본이 작은 섬 몇 개 더 얻었다고 천하의 패권을 쥐게 된다니, 지나친 비약이다. 다만 미국과 수호조약을 체결한 류큐를 일본이 무력으로 병탄한 것은 미국의 체면을 손상한 것이다. 미국과 청국 간에는 류큐 해역을 통과하여 상하이로 도착하는 항로가 뚫려 있는데, 만일 청-일 간에 무력충돌이 발생하면 귀국의 상선도 순조롭게 항행할 수 없을 것 같다. 각하가 류큐 문제를 해결할 묘안이 있으면 알려 달라."

그랜트는 기다렸다는 듯이 답했다.

"내게 좋은 묘책이 있다. 류큐군도의 북부 아마미 제도는 일본에게, 류큐의 중부(오키나와)는 독립을 회복시키되 청-일이 공동 관리하고, 류큐

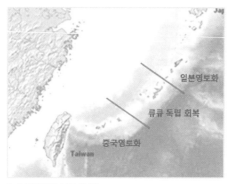

일본영토화

류큐 독립 회복

중국영토화

Taiwan

8-2 그랜트의 류큐 3분안.

의 남부 미야코와 아에야마 제도는 귀국이 직접 통치하는 방안이다. 이는 청-일-류큐 3자에게 모두 좋은 묘안이라고 생각한다."

이홍장은 그랜트의 묘책이 겨우 '류큐 3분안'이라는 사실에 약간 까칠하게 대꾸했다.

"류큐는 원래 명나라 초엽부터 지금까지 500년 동안 조공을 바쳐온 대청제국의 속방이다. 류큐의 국왕도 대청제국의 황제가 임명(이때 통역관은 이홍장이 말한 '책봉'을 '임명'이라고 통역)하여 왔다. 류큐군도의 모든 섬들은 종주국인 우리 대청제국에 관할권이 있다."

그랜트는 이홍장의 입에서 줄줄이 나오는 '조공', '종주국', '책봉', '속방'이라는 단어의 의미를 이해할 수 없었다. 동서양의 문화 차이였다. 그럼 대청제국이 류큐 왕을 임명해 왔다는 말인가? 그리고 종주국은 또 무언가? 속방과 식민지의 차이점은? 무수한 의문부호들이 그의 머릿속에서 기포처럼 떠올랐다.

난감해 하는 그랜트의 표정에서 이홍장은 이쯤에서 고자세에서 저자세로 내려와야겠다고 작심하였다. 일본의 문호를 열게 한 나라가 미국이고 그랜트가 비록 전직 대통령이지만 일본에 대한 미국의 영향력을 행사할 수 있는 자라고 믿었기 때문이다.

"속방인 류큐의 단 한 개의 섬도 일본에 할양해 줄 수 없는 것이 대청 제국의 철칙이다. 그러나 힘이 마음을 따르지 못한다. 차선책으로 각하의 류큐 3분안을 수락할 용의도 없지 않다. 각하는 귀국하는 길에 일본에 들를 계획이 있는 것으로 알고 있다. 일본 측을 설득해 주길 부탁한다."

이토 히로부미의 '류큐 2분안'

이홍장의 중재요청을 수락한 그랜트는 7월 4일(미국의 103주년 독립기념일), 도쿄에 도착하였다. 7월 22일 이토 히로부미를 만나 류큐 문제에 대한 중재에 나설 뜻이 있음을 표명했다. 이토는 류큐병합의 정당성을 극력 해명했다.

"류큐는 삼백 년 동안 일본의 속국이었다. 류큐의 작은 섬들은 본래 일본 영역 내에 포함되어 있는 것이다. 류큐가 이전에 청에 조공을 바친 것은 류큐와 중국 간의 무역 형식의 일종일 뿐이지, 종주국과 속국관계의 증거가 될 수 없다."

이토에게 류큐 3분안을 최후의 중재안으로 제시한 그랜트는 이홍장에게는 서한을 발송한 후 미국으로 돌아갔다. 그랜트는 서한에서 "청일 양국이 화평의 정신으로써 고위관료를 특사로 파견하여 협상할 것을 바란다. 본인은 간사한 어느 나라가 귀국이 쇠약해지는 것을 틈타 야욕을 취하려고 하는 것을 잘 알고 있다. 청일 양국의 불화로 인하여 서양제국이 어부지리를 취해서는 안 된다'라고 하며 청일 양국이 상호 양보의 정신으로 협상 테이블에 나와줄 것을 호소했다.

그 무렵 일본 조야에는 미국과 영국, 독일 등 서구열강이 청나라에 군함과 무기를 지원하여 류큐에 대한 군사행동을 감행하도록 부추기고 있다는 괴담이 저녁안개처럼 퍼져 있었다.

이듬해 3월 이토는 청 정부에 그랜트의 류큐 3분안을 변형한 '류큐 2분안'을 제안하였다. 즉, 류큐군도의 북부와 중부는 일본이 지배하고 류큐군도의 남부는 청이 관할하는 것이다. 일본 정부는 그랜트에게 당초 류큐 3분안에 근거하여 도쿄에 유폐 중인 류큐의 마지막 왕 상태에게 복위할 것을 권유했으나 그가 오키나와의 척박한 땅으로 돌아갈 의사가 없어 하는 수 없이 '류큐 2분안'으로 개정했다고 적당히 둘러댔다.

1880년 10월 20일, 류큐 2분안을 핵심으로 하는 '류큐 수정조약 초안'이 작성되었고 이에 청의 총리아문대신 심계분(沈桂芬)과 일본 측 협상대표 이토가 서명하였다.

그 후, 청 조정은 이홍장에게 초안의 비준여부를 총괄 검토하는 권한을 부여했다. 이홍장은 "일본인의 요구를 응한다면 응한 이상으로 손해를 보고, 거절하면 거절한 이상으로 보복 당하게 된다. 일본인에 대하여는 입장 표명을 최대한 늦추는 묵묵부답의 '무대응 지연책'이 최상책이다"라는 요지의 보고서를 올렸다.

청 조정은 이홍장의 보고서를 채택, 초안에 서명을 하지 않기로 최종 결정하였다. 그러나 이러한 무대응 지연책은 일본의 전체 류큐군도 병탄을 저지하는 데 아무런 도움이 되지 못한 '무대책'이나 다름없었다. 더욱이 무대응 지연책은 국제법상으로도 '묵시적 승인'으로 간주되기 십상이었다.

이홍장을 비롯한 당시 청 지도층이 최소한의 해양의식과 지정학적 사고능력, 국제법적 식견만 갖추었더라면 일본의 류큐병탄을 저지하기에는 무기력한 당시 자국의 현실을 감안하여 류큐 2분안을 받아들였을 것이다. 이렇게 중국은 아주 간단하게, 역설적으로 국제법에도 부합되게끔, 센카쿠를 포함한 류큐군도 남반부와 태평양으로 나아가는 출구를 상실해 버렸다. 이렇게 부활의 기회가 있었음에도 불구하고 류큐 왕국은 영영 어둠 속으로 사라져버렸다. 또한 중국을 중심으로 했던 동아시아의 전통적 조공체제는 결정적인 첫 균열을 보이기 시작하였다.

중국은 동심원, 일본은 피라미드

'조공'이라는 단어가 나오는 김에 한마디 짚고 넘어가고자 한다. 흔히들 '조공' 하면, '상납'을 연상하는 사람들이 많다. '조공'을 사대주의의 징표라 하며 수치스럽게 여기거나, 괜한 역사적 열등감에 빠져드는 우리나라 사람들도 꽤 있다. 그러나 이는 일제 식민사관에 기반한 왜곡된 역사교육이 남겨준 인식상의 오류이다. 조공은 일방적인 상납이 아니라 물물교환 형식의 정부주도형 무역이다.

국경지역에 개설된 시장에서 행해지는 변경무역이나, 소설 《상도》에 나오듯 민간상인에 의한 무역을 금지하고 국가에서 임명한 관납상인들에게 무역상품의 조달권을 독점하게 한 억상정책의 질곡을 뛰어넘는 거상의 활약상이나, 맹인 홀아비의 눈을 뜨게 하기 위해 공양미 삼백 석에 인신공양물이 되어 인당수에 빠져 죽는 《심청전》에서 나오는 밀무역 등, 가뭄에 콩 나듯 나오는 이런 류의 민간무역 행태 이외에는 조공무역이 가장 중요한 비중을 차지하였다.

한마디로 조선시대 무역 형태의 주류는 조공무역이었다. 조공국에서 조공을 보내면 사대국에서는 사여(賜與)를 준다. 사여품이 조공품보다 몇 배 많은 것이 원칙이었다. 그래서 조선은 조공을 1년에 3번 보내던 것을 1

8-3 중화질서-전근대 중국적 조공질서, 동심원 구조. 21세기 중화제국은 한반도
와 류큐, 동아시아를 중국화 지역(Sinic Zone)으로 확장시키는, 중국적 세계
질서의 재현을 꿈꾸고 있다.

8-4 대동아공영권-일제가 구상하였던 아시아 신질서, 피라미드 구조. 일제시대, 일
본은 자국을 정점으로, 일본이 점령하거나 식민지화한 순서대로 차등 대우하
는 피라미드 구조의 이른바 '대동아공영권'을 구상한 바 있다.

년에 4번 보낼 것을 요청했으나 명은 월남처럼 3년에 1번만 보내라고 간곡히 부탁하였다. 명나라 멸망의 주요 원인 중 하나는 과도한 사여품의 방출로 인한 국고의 탕진이었다.

중국은 책봉 관계(상명하복 관계가 아닌, 의례적인 외교 형태)에 있는 나라에 대해서만 조공무역을 허용하였다. 중국적 조공질서의 동심원(〈8-3〉 참조) 안에 들어온 조선(매년 3공)과 류큐(격년 1공), 월남(3년 1공)은 중국과 가장 밀접한 이너서클의 일원이었다.

반면에 일본은 자국의 교과서에 극히 짧은 시기를 제외하고는 동아시아 제국 중에서 특히 조선과 비교하며 중국에 조공을 보내지 않은, 중화질서의 밖에서 자유롭게 활동하였던 유일한 나라인 것처럼 기술하고 있다. 그러나 엄밀히 말하자면 일본이 그렇게 하려고 한 것이 아니라 그렇게 된 것이다. 중국과의 조공무역을 하지 않더라도 일본은 왜구(일본에서는 왜구를 주로 '민간무역업자'라고 미화하여 부른다)의 눈부신 활약(?)을 위시하여 류큐를 통한 중개무역, 네덜란드와의 교역 등으로 무역수요를 충당할 수 있었기 때문이다.

중국과 조선, 류큐를 비롯한 동아시아 국가들은 일본을 주로 '왜(倭)' 또는 '일역(日域)'으로 칭하여 왔다. '왜'라고 부르는 밑바닥에는 일본을 왜구의 본거지로 폄하하는 어감이 배어 있었고, 일역이라 칭하는 이면에는 일본을 중국적 세계질서의 동심원 내의 멤버로 함께하기에는 부적절한, '국가'로서의 자격에 미달하는 '지역'으로 보는 시각이 깔려 있었다. 자주독립의 역사를 자부하여 온 일본은 사실상, 동아시아 국가사회에서의 아웃사이더 내지 왕따였다.

9. 한국과 류큐의 명운, 윤봉길이 갈랐다
—루스벨트와 장제스와 윤봉길

왜 장제스는 류큐를 버렸는가

영웅사관이냐? 민중사관이냐? 내게 일도양단식 택일을 강요하지 말라. 역사는 극소수의 영웅과 그 시대를 살아간 민중이 함께 만들어가는 합작품이다. 영웅과 민중은 상호모순의 대립보다는 상호보완과 조화의 의미를 갖고 있다. 그러나 제2차 세계대전의 카이로 회담, 한국과 류큐의 엇갈린 운명에 관한 대목에서는 자꾸만 영웅사관 쪽으로 고개가 기울어진다.

일본의 패색이 짙어가던 1943년 11월 22일부터 27일까지 미국 루스벨트(Franklin D. Roosevelt) 대통령, 영국 처칠(Winston Churchill) 수상, 중화민국 장제스(蔣介石) 총통 등 세 연합국 수뇌가 이집트의 수도 카이로에서 전후질서를 구상하며 합의를 이루었다. 여기서 3대국은 일본에게 영토 제한과 무조건 항복을 제의하였고, 특히 한국의 독립문제가 처음 언급된 회담으로 특징된다. 카이로 회담 결과 발표한 '카이로 선언'의 주요 내용은 다음과 같다.

1. 1914년 제1차 세계대전이 개시된 이후로 일본이 탈취 또는 점령한 태평양의 도서 일체를 박탈한다.
2. 만주, 대만, 평후도와 같이 일본이 청국으로부터 빼앗은 지역 일체를 중화민국에 반환하여야 하고 일본은 폭력과 탐욕으로 약탈한 다른 모든 지역으로부터 축출될 것이다.
3. 한국이 노예상태 아래 놓여 있음을 유의하여 앞으로 적절한 절차에 따라 한국의 자유와 독립을 줄 것이다. ("……in due course Korea shall become free and independent.")

1945년 8월 15일 일본이 패망하게 되자, 카이로 선언에 따라 일제가 통치하였던 동남아시아와 태평양의 여러 지역들은 물론, 한국을 비롯한 만주, 대만 등의 식민지가 광복의 기쁨을 누릴 수 있었다. 그러나 류큐왕국은 영원히 돌아오지 않는 잊혀진 왕국이 되어 버렸다. 사실 카이로 회담은 류큐왕국이 독립을 회복할 수 있는 절호의 기회였다. 당시 연합국 측은 유럽 전쟁에 주력을 쏟고 있었고 아직 류큐는 미국의 점령하가 아니라 일본의 수중에 놓여 있었다. 그럼에도 불구하고,

1. 왜 장제스는 일본의 태평양 도서의 주권 박탈 기산점을 1879년이라 하지 않고 1914년이라 하였는가.
2. 왜 장제스는 류큐를 만주, 대만, 평후도에 포함시키지 않았는가.
3. 왜 장제스는 류큐의 독립이나 원상회복을 거론하지 않았는가.

이는 내가 20년 전에 제기하였던 의문들이었다.• 근래 공개된 카이로 회담 회의록과 장제스의 일기(미국 스탠포드대학 후버연구소 보존)를 참조하여 그 의문의 실마리를 풀어보기로 한다.

루스벨트, '류큐를 통째로 중국에게 주겠다.'

미−중 양국 간의 첫 정상회담은 11월 23일 오후 7시경에 시작되었다. 장제스는 왕종훼이(王總惠) 국방위원회 비서장을 대동하고 루스벨트의 숙소로 건너갔다. 두 정상은 주로 일본이 점령한 지역의 전후처리 문제를 숙의하였다. 시침이 밤 11시를 가리킬 무렵, 루스벨트의 입에서 졸음을 확 깨는 말이 튀어 나왔다.

"류큐는 일본에 의해 불법강점당한 활 모양의 호형(弧形) 군도이다. 마땅히 탈환하여야 한다. 류큐는 중국과 지리적 역사적으로 밀접한 관계에 있다. 각하가 원한다면 류큐군도 전부를 중국에 넘겨주겠다."

루스벨트의 '통 큰 제안'에 장제스의 반응은 의외로 시큰둥하였다.

"류큐는 우선 미국과 중국이 공동관리한 후, 국제신탁통치에 위탁하여 관리하는 것이 좋을 것 같다."

이틀 후인 11월 25일에 재개된 미−중 양자회담에서 루스벨트는 류큐를 다시 거론하였다.

"류큐의 미래에 대해 숙고해 보았다. 대만에서 규슈까지 서태평양을 둘로 가르는 류큐는 중국의 안보방파제이다. 그 전략적 가치가 매우 크다. 중국이 대만만 탈환하고 류큐를 확보하지 않는다면 대만은 물론 중국 본

• 졸저, 《동양스승 서양제자》, 1992.

토의 안보도 위협받게 될
것이다. 더구나 이처럼 중
요한 류큐를 침략적 근성
을 버리지 못하는 일본의
손아귀에 놓아둘 수 없다.
본인은 아무래도 류큐를
대만과 펑후열도와 함께
귀국이 관할하는 것이 좋
다고 본다."

9–1 좌로부터 장제스, 루스벨트, 처칠. 1943. 11. 22.~27.
카이로.

  "……."

  장제스의 침묵이 답답하였는지 루스벨트는 간략 명료한 어조로 말하
였다.

  "각하가 원한다면 전쟁이 끝난 후 류큐를 중국에 주겠다."

  "류큐는 쉽게 해결할 수 없는 문제다. 아무래도 류큐는 중미 양국이 공
동신탁 관리하는 것이 좋을 듯하다."

  장제스의 불가사의한 우답에 루스벨트는 두 번 다시 류큐를 거론하지
않았다.

  장제스는 왜, 무엇 때문에 카이로에서 루스벨트가 거저 주겠다는 류큐
군도를 마다하였을까? 이에 대하여 중국과 대만, 홍콩 등 중화권의 전문
가들은 저마다 분분한 의견을 피력하고 있다. 중국 측 입장으로서는 역
사의 비디오테이프라는 게 있다면 그것을 앞으로 되돌려서라도 교정하고
싶은 장면인지, 장제스에 대한 원망과 비판 일색이다. 그중 중요한 것 셋
만 들면 다음과 같다.

첫째, 장제스의 가슴속에는 만주와 대만만 있었고 류큐는 없었다. 더구나 장제스는 루스벨트가 류큐를 거론하리라고는 예상하지 못했으며 류큐에 대한 사전준비가 전혀 없었다.

둘째, 장제스의 머릿속에는 일본보다는 중국공산당을 궤멸하는 책략으로 가득 차 있었다. 중국의 전문가들은 "이 전쟁이 끝나면 마오쩌둥 일당 제거에 총력을 기울이게 될 것이다. 혹시 일본의 도움이 필요할지도 모르는 상황이 올 수 있다. 그런데 류큐를 차지하여 일본에 척을 지는 어리석은 짓은 할 수 없다"라고 마치 장제스의 머릿속을 들어가 보기라도 한 듯이 목청을 돋운다.

베이징 측 일각에서는 여기서 한발 더 나아간다. 장제스가 청년시절 일본육군사관학교를 졸업한 이력을 들면서 그가 겉으로만 '항일'이지 '골수 친일파'라고 신랄하게 비판한다. 장제스가 항일전쟁을 하게 된 계기마저도 시안(西安)사태라는 감금된 상태에서 자신의 목숨을 구명하기 위하여 '울며 겨자 먹기'로 시작한 것이라고 악담에 가까운 인신공격성 비난을 퍼붓고 있다.

셋째, 장제스는 루스벨트의 진정성을 의심하였다. 장제스는 루스벨트의 발언이 중국의 류큐에 대한 영토 야욕의 유무를 떠보는, 페인트모션의 일종으로 파악하였다는 것이다. 류큐왕국이 독립국이었다는 역사를 잘 알고 있을 루스벨트가 류큐를 송두리째 중국에 거저 주겠다니, 거기에는 반드시 내밀한 흉계가 숨어 있다고 지레짐작하여 그처럼 어정쩡한 태도를 보였다는 분석이다.

장제스를 위한 변명

나는 위의 지적들을 조목조목 되짚어보고자 한다.

우선 장제스가 류큐 문제에 대해 미처 준비를 하지 않다는 것은 사실과 거리가 멀다. 장제스는 1943년 11월 15일 일기에 이렇게 다짐한다. "류큐와 대만은 서로 다른 자위에 있다. 류큐는 독립왕국이며 그 지위는 한국과 대등하다. 나는 류큐는 언급하지 않는 대신 한국의 독립 문제를 제기할 것이다." 즉 장제스는 류큐는 미중 공동신탁통치로, 한국은 자주독립을 제안하기로 카이로 회담 전부터 마음먹고 있었다.

다음은 장제스가 '항일'보다는 '반공'에 힘썼다는데, 맞는 말이다. 하지만 이는 류큐의 귀속 문제와는 별 상관없는 부분이다. 장제스가 자본계급의 입장에서 철저하게 공산당을 적대시하고 공산당 궤멸을 위하여 전력투구하였던 것은 사실이다.

그러나 중일전쟁 기간 동안 장제스의 국민당 군은 일본군에 총력을 기울여 맞대응하다가 막대한 희생을 치르게 되었다. 반면에 마오쩌둥의 공산당은 허허실실의 유격전을 구사하면서 암암리에 공산군의 전력 향상에 힘썼다. 이는 장비와 병력에 있어서 공산당을 압도하였던 국민당 군이 국공내전에 연전연패하고 결국 대만으로 패퇴하게 된 가장 주요한 원인 중의 하나이다.

세 번째 지적에 대한 것으로, 장제스는 루스벨트의 진의 파악에 신경을 쓸 필요가 없었다. 장제스는 루스벨트의 '통 큰 제안'에 '통 큰 수락'으로 답해야 했다. 즉, 중미 공동신탁통치안으로 대응할 것이 아니었다. 류큐의 완전한 독립 회복을 요구했어야 했다. 동시에 일본이 탈취한 영토 회복의 기산점을 1914년에서 1879년으로 소급할 것을 제안했어야 했다. 그랬더라면 중국의 영토팽창 욕구에 대한 서방세계의 의구심도 불식시켰을 뿐만 아니라 '일본 점령지의 해방'이라는 카이로 회담의 종지와도 부합되는 양수겸장의 카드로 작용할 수 있었을 터인데.

그래도 여전히 중국 측 입장에서는 두고두고 아쉬운 원망과 후회, 탄식이 남는다. 장제스가 평소 그답지 않은, 왜 그런 어처구니없는 실수를 하였을까? 이에 나는 기존의 중국의 전문가들이 언급하지 않은, 가장 근본적인 이유 단 한 가지만 들고자 한다.

한마디로 해양의식의 미흡이다. 장제스는 대부분의 중국인이 그러했던 것처럼 바다의 중요성에 대한 인식이 박약했다. 중국에서 물고기라면 으레 강과 호수에서 사는 담수어를 의미할 만큼 바다의 쓸모는 기껏해야 소금을 생산하는 곳으로 여겨져 왔다. 아니, 소금마저도 바위소금(암염), 소금우물(염정)에서 상당 부분 충당될 수 있었기 때문에 바다와 완전히 담을 쌓고 살아도 생활에 별 지장이 없었다.

더구나 오랜 세월 지속된 금해(禁海) 정책으로 바닷가는 왜구의 침략에 상시 노출되어 있는, 귀족은 물론 평민도 살기에 부적절한 위험지대로 여겨졌다. 당연히 장제스는 류큐군도가 차지하는 전략적 가치를 읽지 못하였다. 또 당연히 장제스는 공산당 치하의 화북지방과 만주지방의 육지영토에만 눈독을 들이고 있었다.

한국은 있는데 류큐는 없는 것

끝으로 가장 궁극적이며 현실적인 문제, 왜 한국은 독립하였는데 류큐는 일본의 일부로 남게 된 걸까? 한국과 류큐 둘 다 중국과 실리호혜의 조공관계에 있었지만, 엄연한 자주독립국이었다. 그런데 왜 장제스는 류큐의 독립 또는 중국 영토화를 마다하고 한국의 독립만을 주장했을까?

실제로 카이로 회담에서 처칠은 한국에 대해 미-영-중 3국의 신탁통치안을 제안하였으나 장제스는 이를 일축하는 대신 한국의 독립 약속을 선언에 발표하자고 기습적으로 제안하여 관철시켰다. 누구 때

9-2 의거 이틀 전 1932. 4. 27. 태극기 앞에서의 윤봉길 의사(당시 만23세).

문이었을까? 무엇 때문이었을까? 딱 한 사람만, 딱 한 사건만 들라면, 역사는 명쾌히 대답할 것이다. 그 누구는 한국의 청년 윤봉길(1908~1932)이고, 그 무엇은 윤봉길의 상하이 의거(1932. 4. 29.)라고.

장제스는 윤봉길의 상하이 의거를 일컬어 중국의 백만 대군이 이루지 못한 것을 한국의 한 청년이 해냈다며 극찬했다. 윤봉길 의거 전에 대한민국임시정부는 참 외로웠다. 장제스는 임시정부를 할 일 없는 망명객들이 내부투쟁이나 일삼는 파락호 집단쯤으로 여기고 한 푼도 돕지 않았었다.

그런데 수통 폭탄 한 방으로 일본 침략군 사령부 이동체를 일거에 섬멸한 윤봉길의 쾌거를 접하고서야 장제스는 물심양면으로 대한민국임시정부를 돕기 시작했다. 반면에 류큐인은 류큐의 독립을 위해 무엇을 했던가? 일찍이 일본에 병합된 만큼 일본에 의해 완전히 순치되었는지, 독립의지와 그 실천이 너무나 미약하고 미미했다.

카이로 회담 전인 1943년 7월 26일 장제스는 김구를 만난 자리에서 한

국의 완전한 독립과 국제공동관리의 신탁통치를 반대하는 임시정부의 요구를 흔쾌히 수락하였다. 장제스는 카이로 회담 첫날인 11월 22일, 그의 일기에 '종전 후 한국의 완전 독립과 자유의 건의 예정'이란 자구를 명기하기까지 하였다.

대한민국 초대 대통령이자 프린스턴대학 국제정치학 박사인 이승만도 1943년 카이로 회담에서 장제스가 한국의 독립을 제안하고 그 선언문에 명문화시킨 최대 원인은 윤봉길 의거에 있다고 높이 평가했다. 그렇다. 답은 윤봉길이다. 한국은 윤봉길이 있었기 때문에 광복을 성취했고, 류큐는 윤봉길 같은 항일독립영웅이 없었기 때문에 실패하였다.

심난했던 동북아의 창공을 찬란하게 수놓은 의거를 감행한 윤봉길 의사의 24년의 생애는 너무나 짧았다. 그러나 그가 이룩한 의거가 항일독립운동의 기관차 역할을 하였고 그 위에 대한민국이 섰다.

		대한민국	류큐
상황	이전 국가 지위	독립 왕국	독립 왕국
	2차대전 시 상황	일본의 식민지(1910~1945)	일본의 오키나와 현(1879~)
	지정학적 위치	매우 중요	중요
내적 동인(動因)	항일독립영웅	윤봉길, 이봉창, 안중근	미상
	지도자 및 조직	대한민국임시정부, 김구의 한국독립당, 이승만의 해외조직 등	미상
	민중의 독립의지	3·1운동, 지속적인 독립의지 표출	미약
외적 요인	미-영의 방안	처칠, 미-영-중 공동신탁통치	루스벨트, 류큐의 중국 귀속 제안
	중국의 방안	장제스, 한국의 독립 주장	장제스, 류큐의 미-중 공동신탁통치
결과		한국의 독립 달성	류큐의 미-일 이중종속화

9-3 독립의 성패 동인(動因). 〈독립 관련 한국과 류큐 대조표〉

10. 해양대국은 중국 수천 년 팽창야욕의 종결자
─실크로 포장한 중화제국

중국의 붉은 꽃

공산주의가 어떤 몰골로 남아 있을까

마지막 남은 공산주의 대국 중화인민공화국에 가 보았더니

공산주의 세 떨기 붉은 꽃

프롤레타리아독재, 계급투쟁, 폭력혁명은 다 지고 없고

그들의 노랫가락 속에는 옛날 것만 남았더라

중화사상, 천하통일, 실용주의만 남았더라

그것도 돈독만 잔뜩 올라 남았더라.

— 강효백

중화사상은 무엇인가

　중화사상은 천하통일, 실용주의와 함께 반만년 중국의 시공을 일관하는 가장 뚜렷한 흐름이고 원동력이자 중국을 정확히 이해하는 데 빠뜨려서는 안 되는 가장 중요한 키워드이다. 중화사상은 한마디로 중국이 원형(圓形)의 세계의 중심에 위치해 있다는 자존심 충만한 세계관이다. 원래 자존심이란 배타도 교만도 아니다. 자존심은 자기 확립이고 자기 강조다. '나' 자신의 힘으로 살아간다는 강력한 신념, 그것이 곧 자존심이다. 위대한 개인, 위대한 국가와 민족이 필경 다른 것이 아니다. 오직 이 자존심 하나로 결정되는 것이다. 그러나 자존이 상대의 도를 넘어 독선으로 치닫고 자존을 균형 잡아주는 겸허를 잃는 순간, 자존은 교만으로 변해버린다.

　중화사상도 다른 각도로 뒤집어 보면, 자신만이 전 세계의 중심이라는 과대망상적 사고방식에서 출발한다. 자신을 중화라 부르고 주변 이민족들을 동이, 서융, 남만, 북적으로 송두리째 열등한 오랑캐로 경시해 온 중국인의 혈맥 깊은 곳에는 교만성이 잠재하고 있다.

　중국, 중국인은 짧게 잡으면 일본이 류큐를 합병하여 중화질서에 첫 균열이 가기 시작한 1879년부터 중화인민공화국이 수립된 1949년까지, 길게 잡으면 아편전쟁에 무참히 패배한 1840년부터 20세기 말엽까지, 약 70~150여 년간을 제외하고는 자존심과 교만성이 매우 강한 국가요, 민족이었다.

　그러나 명실상부한 세계의 중심국가 '중국(中國)'을 이루었던 8세기 무렵 당나라 시대를 제외하고는, 중국의 중화사상은 엄밀히 말하자면 다민족국가사회의 융합을 위해 무한히 확대재생산이 필요한 자아도취성 이데

올로기였다.

모래시계 또는 '역(逆)' Z
형이라 할까. 중화사상을
불멸의 국가융합에너지로
삼아 찬란한 중화제국의
부활을 꿈꾸고 있는 현대
중국은 지역개발전략과 대
외정책의 주력 방향을 연
계하여 전환시키는 특유의
궤적을 보여왔다.

10-1 8세기 성당(盛唐)시대 실크로드, [中國綜合地圖集].
2000. 中國地圖出版社. (중국 정부 발간 국정 지도
책) p.183 스캔. 발해가 토번, 돌궐 등과 함께 당나라
의 영토로 표기(연노란색 부분)되어 있다. 특기할 사
항은 오른쪽 하단에 유독 '신라'를 고국명(故國名, 옛
날 나라 이름)으로 명기하여, 인도, 페르시아 등 여타
국가는 제쳐놓고 신라만 '국가'로 기재되어 있다. 더구
나 육상 실크로드의 기점과 종점을 신라 '경주'로 표
시하고 있다.

마오쩌둥(毛澤東)은 서남방의 내륙 확장에, 제2세대 덩샤오핑(鄧小平)
은 동남방의 해외 진출에, 제3세대 장쩌민(江澤民)은 서북방의 내륙 개발
에 주력했다면, 지금 후진타오(胡錦濤)를 비롯한 제4세대 지도층은 동북
방의 진출에 몰두하고 있다. 그렇다면 다음 중국의 제5세대 지도층은 어
느 쪽으로 방향을 틀 것인가?

제1세대, 서남방 티베트와 인도를 침공하다

인민복을 입은 공산 황제, 마오쩌뚱의 지역개발전략의 기본 이론은 마
르크스 레닌주의식 계획경제 이론에 입각한, 모두가 평등하게 잘사는 균
부론(均富論)이었다. 그러나 결과는 중국인민 모두가 평등하게 가난한 '균
빈론(均貧論)'이 되어버렸다. 마르크스 레닌주의식 계획경제이론 자체가
'균빈론'의 숙명을 지고 있기 때문이다.

마오쩌둥의 대외전략 기조는 군사력을 앞세운 전방위적 팽창주의였다.

마오는 측근들의 만류를 무릅쓰고, 한국전쟁에 인해전술의 대군을 파병하여 광활하고 윤택한 동북(만주)을 차지하였다. 덤으로 마오의 일생에서 가장 껄끄러웠던 정적인, 동북왕 가오강(高崗)을 숙청하고 북한지역을 세력권 아래에 두었다.

그런 후 마오는 서남방의 영역 확장에 눈독을 들였다. 일찍이 국민당군에 쫓기며 서남부 17개 성의 18개 산맥과 준령을 넘은 2만 5천 리 대장정 시절에 품었던 야심 때문이었을까. 1959년, 마오는 티베트를 무력으로 침공하여 복속시켰다. 중국 전체 면적의 8분의 1에 달하는 광대한 면적을 자국의 영토로 편입시키는 데 성공한 것이다.

마오는 멈추지 않았다. 서남방 더 먼 곳으로 여세를 몰아붙였다. 1962년 10월 인도를 침공하였다. 히말라야 설산을 넘어온 중국군은 3천 명의 인도 군을 사살하고 4천 명을 포로로 잡는 전적을 세웠다. 서남아시아에 대한 중국의 영향력을 확보한 것에 만족하고 퇴각하였다.

마오는 공산주의 종주국 소련에도 일격을 가했다. 1969년 3월 우수리 강, 강 가운데 섬인 다만스키(珍寶島, 중국명 전바오도)에 선제공격을 감행한 것이다. 대규모 군사 충돌로 이어졌으나 핵전쟁 발발을 우려한 양국 지도자들의 회담으로 분쟁은 봉합되었다.

1974년 1월 중국은 돌연 남베트남과 전쟁 중이던 북베트남(월맹)의 서사(西沙, Paracels)군도를 점령하여 하이난다오(海南島)로 편입시켰다. 웬일로, 중국이 해양과 바다의 섬에도 군침을 흘리기 시작한 것이다. 중일수교와 닉슨 미국대통령의 중국 방문이 있은 지 2년 후, 마오가 사망하기 2년 전의 일이다.

제2세대, 동남방의 여의주를 입에 물다

마오쩌둥의 비판적 후계자 덩샤오핑은 서남방에서 동남방으로, 닫힌 물의 내륙에서 열린 물의 바다로 나아갔다. 덩은 집권 이듬해인 1979년 2월 동남쪽의 베트남을 총 20만 명의 병력을 투입하여 침공하였다. 그러나 중국 침략군은 개전 두 달도 채 지나지 않아 약 4만 명의 전사자를 내면서 퇴각하였다. 세계 최강의 미국을 패퇴시킨 통일 베트남의 저력을 얕보았던 것이다.

덩은 베트남에 교훈을 준 이른바 '교훈전쟁'이라고 자위했으나 대국으로서의 체면을 구긴, 사실상의 패전이었다. 기실 교훈의 수혜국은 베트남보다는 중국이었다. '교훈전쟁'에 큰 충격을 받은 덩샤오핑은 그 후부터는 경제 발전에 일로매진하는 내실우선 정책으로 전환하였다.

베트남전쟁 이후 중국 대외정책의 중심도 '칼날의 빛을 숨기고 어둠 속에서 힘을 기르자'는 도광양회(韜光養晦)로 수렴되었다. 덩은 동남부지역의 발전을 통해 내륙지역으로의 파급효과를 기대하는 선부론(先富論)을 내걸었다. 마오의 균부론이 모두가 평등하게 가난하게 살아야 하는 균빈론이었음을 간파하였던 것이다. 사회주의 중국의 바다에서 동남부 3개 성에 5개의 자본주의 섬, 즉 선전, 주하이, 산터우, 샤먼, 하이난 등 경제특구를 설립하였다.

덩샤오핑은 1984년과 1987년, 각각 절묘한 홍콩, 마카오 흡수 통치이론인 '일국양제(一國兩制)'로써 중국-영국 공동성명과 중국-포르투갈 공동성명을 체결하였다. 중국이 용이라면 여의주로 비견되는 홍콩을 피 한 방울 묻히지 않고 반환받는 위업을 거두었다.

또한 중국은 1988년 3월, 남사(南沙, Spratlys)군도 9개 섬을 무력으로

10-2 현대 중국 팽창 주력 방향 전환도(1949~)

점령했고, 1992년 중국 영해법으로 남중국해 전체에 대한 영유권을 선언했다. 1988년, 일본의 극우단체인 '일본청년사'가 류큐군도의 최남단 센카쿠에 등대를 설치하여 일본의 지배를 기정사실화 하려는 행위에 대해 중국은 민간 차원에서, 그러나 조직적인 일본 규탄시위 및 항의를 하게끔 조정하였다. 개혁개방의 총설계사 덩샤오핑은 그의 집권기간 내내 동남방의 바다를 향하여 일관된 정향성을 유지하였다.

제3세대, 서북방 국경에서 달콤한 과실을 따먹다

1989년 6월 천안문 사태 와중에 집권한 장쩌민은 열린 물의 바다가 부담스러웠던지 다시 닫힌 뭍의 내륙으로 발길을 돌렸다. 서북방 내륙으로 방향을 전환한 것이다. 그는 부익부 빈익빈, 양극화의 선부론의 폐해를 바로잡기 위해, 지역 간 균형발전의 '신균부론'에 입각한 '서부대개발'을 내세웠다.

서부대개발의 핵심은 낙후한 서북지역의 위구르 자치구를 비롯한 소수민족 밀집지역의 불만을 완화하고 사회 안정과 국경 방위를 위한 것이었다. 1996년 장쩌민은 서북 국경과 인접한 러시아, 카자흐스탄, 타지키스탄, 키르기스스탄 등의 국가원수들을 상하이에 불러내 상하이-5 회담을 주도하였다. '서북 국경지대 군사 부문 신뢰 강화에 관한 협정'과 '국경지역 군대 감축에 관한 협정'을 체결하였다. 이 회담은 2001년 우크라이나를 포함시킨 '상하이협력기구(SCO)'로 확대 개편되었다. 중국의 지명을 딴 첫 국제조직을 국제 무대에 등장시키는 업적을 이루었다.

장쩌민이 심어둔 서북 확장의 묘목은 어느새 자라나 최근 10년 새 중국은 러시아, 타지키스탄, 키르기스스탄 등과 경계를 확정하며 3천여㎢ 영토를 새롭게 획득하는 등 서북 국경에서 달콤한 과실을 따먹고 있다.

제4세대, 실크로 포장한 중화제국, 동북공정으로 본심을 드러내다

장쩌민의 동향 후배로 2003년 집권한 후진타오는 서북에서 동북으로 방향을 확 틀었다. 망막한 사막과 설산지대로 꽉 막혀 있는 중국의 서부는 젖과 꿀이 철철 넘치는 미국의 서부가 아니었기 때문이다. 그는 대외적으로 '평화적으로 강대국으로 우뚝 선다'는 화평굴기(和平崛起)의 기치를 들었다. 화평굴기의 본질은 '평화'라는 실크로 포장한 '중화제국주의'이다.

수동적이고 방어적이던 중국의 대외정책이 외부에 영향력을 행사하는 적극적이고 공격적인 정책으로 전환되었다. 중국의 대외정책 기조가 수렴의 제2, 제3세대와 달리 팽창의 제1세대로 복귀한 것이다. 특히 동북지역은 중국이 적극적인 대외정책을 통해 지역 질서에 영향을 끼치려 하는 가장 우선적인 지역이기도 하다. 북한의 핵문제를 해결하는 방안을 논의하기 위한 6자회담장을 마련하고 중국은 의장국으로 등극하였다. 장쩌민 시대의 상하이협력기구가 '서북 6자회담'이라면 후진타오 시대의 북핵 6자회담은 '동북 6자회담'이라고나 할까.

후진타오는 국내적으로는 조화로운 사회 건설이라는 균형발전전략의 틀을 수립하고 동북 3성의 인프라를 개발하는 동북진흥전략을 내놓았다. 이와 함께 동북 3성의 고구려 역사를 자국의 역사로 편입시키는 역사 왜곡작업의 일환인 동북공정을 전개하기 시작하였다.

그런데 문제는 동북진흥과 동북공정이 팽창의 대외정책, 화평굴기와 맞물리며 원래의 지역경제 발전이나 역사 왜곡의 수세적 범위를 뛰어넘어 한반도까지 공세적 차원으로 전환되고 있다. 북한의 존재가치를 중국에 대한 안보 위협을 줄여주는 완충지대에서 중국모델의 이식과 팽창욕구 해소의 최전선으로 변환시키려는 동향은 후진타오 시대 후반으로 갈수록 두드러지고 있다.

제5세대, 중국은 북한과 류큐로 나아갈 것이다

2012년 가을에 출범할 중국 제5세대 최고 지도층의 대외정책 주력 방향은 어디로 향할 것인가? 포스트 후진타오-원자바오 팀을 이어 중국을 이끌 시진핑-리커창 팀은 육해(陸海) 양면으로, '과거를 계승하여 미래를 여는' 계왕개래(繼往開來)로 나아갈 것으로 예견된다.

육지 쪽으로는 동북 지향의 제4세대를 계승하여 북한으로 한발 더 나아갈 것이다. 제5세대는 '동북 3성 개발'이라는 지역개발전략을 넘어 '북한의 동북 4성화'라는 대외확장 노선으로 전환할 것이다. 중국은 이미 북한에 많은 자원을 장기적으로 계약해서 탄광개발권, 동해 어업권 등을 확보한 데 이어 2009년 나진항에 대해 50년 조차를 해두었다.

베이징-단둥 고속철도를 비롯하여 동북 3성 내의 교통, 통신, 발전소, 항만 등 인프라 구축 준공시한이 제4세대 집권 마지막 해인 2012년에 집중되어 있다. 반면에 단둥-평양, 단둥-원산, 투먼-나선, 창바이-김책 등 동북 3성에서 압록강과 두만강을 건너 북한 땅을 땀땀이 꿰매 내려가는 고속도로와 철도 건설 준공시한은 제5세대 집권 기간 중으로 맞춰놓고 있다.

한편으로 제5세대는 해양대국화에 몰입할 것이다. 그들은 덩샤오핑 시대의 해양진출 유업을 창조적으로 계승하여 남서군도뿐만 아니라 류큐 해역으로 진출할 것으로 보인다. 2010년 9월 7일, 센카쿠 해역에서 중국 어선과 일본 해상순시선이 충돌하면서 중일 간 심각한 외교 분쟁이 벌어졌다. 일본이 저자세에 가까운 타협안을 내놓아 미봉되었으나 중국은 이에 그치지 않고 일본에 사과와 배상을 요구했고, 대규모 반일 시위를 벌였다.

이를 기점으로 하여 《환구시보(環球時報)》를 비롯한 중국 각종 언론매체에는 센카쿠뿐만 아니라 오키나와를 포함한 류큐군도 전체의 독립 또는 중국으로의 반환을 요구하는 특집기사와 칼럼들이 홍수처럼 쏟아져 나오기 시작했다.

그런데 2010년 11월 16일 일본의 국제문제 전문가들은 아사히 TV 시사 토론 프로그램에 출연하여 "중국 해군이 노리는 것은 센카쿠뿐만이 아니라 오키나와를 포함한 류큐군도 전체이다"라고 입을 모아 성토했다. 니시오간지(西尾幹二)와 같은 극우파 인사는 "중국은 언제라도 류큐를 공격해올 것이다. 그런 중국을 조금도 이상하게 생각하지 말라"고 공언하고 있다.

11. 중국이 한국전쟁에 참전한 진짜 이유 는?

─만주도 확보하고 정적도 제거하고

우리에게 중국은 우방인가?

다산 정약용은 이렇게 말했다.

"만리장성의 남쪽에 있는 나라를 중국이라 하고 요하의 동쪽에 있는 나라를 동국(조선)이라 한다. 동국의 사람으로서 중국으로 가는 자가 있으면 사람들은 서로 부러워하면서 치하를 드리지 않는 자가 없다. 그러나 내가 보는 바로는 그 이른바 중국이라는 중은 어디를 기준으로 하여 중이라 하며, 동국이라는 동은 또 어디를 기준으로 하여 동이라 하는지 모를 일이다. 다만 우리가 말하는 중국이라는 것은 무엇을 두고 가리킴인가?"

우리에게 중국은 우방인가? 일단 외견상 그렇다고 말할 수 있다. 형식적 외교관계 등급상, 각종 인적 물적 교류 지표상으로 볼 때 우방이라고

해야만 자연스럽다. 그도 그럴 것이 한중관계는 1992년 수교 이후 유례를 찾아볼 수 없을 만큼 급속도로 가까워져 왔다. 한반도의 자유민주 북진통일을 일보 직전에 좌절시켜 분단 상태를 지속시켜 버린 원흉, 붉은 오랑캐 '중공'이라는 주적관계에서부터 경제·통상 중심의 선린우호를 거쳐 1998년 협력동반자관계로 들어섰다. 2003년 전면적 협력동반자관계로 승급되더니 2008년 양국 정상의 상호 국민 방문을 계기로 전략적 협력동반자관계로 격상되었다. 양국의 전략목표가 상호이해에서 상호공유로 승격되는 한편 양국이 맺을 수 있는 최상위 수준까지 발전한 것을 의미하였다.

이는 중–러시아보다는 못하지만 중–미나 중–일, 중–캐나다 관계보다는 훨씬 높은 수준이다. 또한 대중무역액은 대미무역과 대일무역액을 합친 규모를 훨씬 초과한 지 이미 오래이며 갈수록 양적, 질적으로 가속도가 붙어 늘고 있다. 그리고 2011년 말 현재, 중국의 한국유학생은 약 8만 명이며 한국의 중국유학생은 7만 명에 육박하여 상대국가의 유학생 중 최다를 차지하고 있다.

그러나 다시 정색을 하고 진지하게 묻는다. 중국은 우리에게 '진정한' 우방인가? 이번에는 선뜻 '그렇다'고 답할 수 없을 것이다. 아예 솔직히 '우방은 무슨 우방?'이라고 답하는 사람도 없지 않을 것이다. 한–중 양국의 외견상 친밀도와 실제로 느끼는 애정지수의 체감온도는 어쩌면 반비례에 가깝다고도 할 수 있다. 2011년 5월 20일, 그래도 명색이 '전략적 협력동반자관계'인데 김정일의 방중 일정도 통보하지 않은 것을 비롯하여 최근 양국 간의 관계는 정치, 경제, 사회, 문화 거의 모든 면에서 왠지 모르게 서먹하고 뜨악하다.

이를 양국 정부의 공식적, 비공식적 외교채널의 부재로만 나무랄 수 없는 뭔가 근본적이며 만성적인 고질병 같은 게 도사리고 있다. 그것은 바로 60년이 지나도 씻기 힘든 트라우마(trauma, 집단적 상처 또는 정신적 외상), '중국의 한국전쟁 참전' 때문이다.

마오의 최강 정적, 가오강

도대체 중국은 무슨 의도로 한국전쟁에 참전했던 것일까. 사회주의 진영의 수호를 위해서, 소련의 파병종용 때문에, 이른바 순망치한의 지정학적 안보 이익을 위해서 등등을 국내외의 고명한 정·관·언·학 인사들이 수없이 반복하며 거론하여 왔다. 그러나 나는 이런 것들만으로는 중국의 그 부나방 같은 한국전쟁 참전 이유를 설명하기에, 2%는 어림없고 20% 이상 부족하다고 생각한다.

그도 그럴 것이, 짧게는 8년간의 항일전쟁과 4년간의 국공내전, 길게는 1840년 아편전쟁부터 100여 년간 지속되어 온 전천후 전방위적 외침과 내란으로 기진맥진의 정도를 넘어 만신창이 상태였는 데다가, 건국된 지한 돌도 채 지나지 않은 신생 정권이 당시 친소 일변도인 북한 정권을 도우려고 세계 최강 미군을 위시한 16개국 연합군과 맞서 싸워야 할, 국가의 존망을 건 사투를 벌여야 할 절박한 이유가 있었을까.

인류의 보편적, 합리적, 이성적 가치판단의 잣대로는 도저히 풀기 어려운 미스터리 중의 미스터리이다. 오죽했으면 중국의 참전 가능성을 묻는 트루먼 대통령의 질문에 맥아더 원수조차도 '아주 적다'고 오판했을까.

중국의 한국전 참전에 얽힌 비밀을 풀기 위해 나는 마오쩌둥과 동북(만주)과 가오강(高崗), 대만과 장제스와 관련된 지정학적 인식과 중요성, 은 원관계 등을 최근 공개된 중국 내 각종 자료를 참고로 하여 풀어보고자한다.

1949년 10월 1일 중화인민공화국이 건국되자 중국은 지방군구를 중심으로 크게 동북, 화북, 화동, 중남, 서북, 서남 6대 행정구로 구분했다. 화북만 중앙이 직접 관할하고 그중에서 가장 노른자 자리인 동북지역의 당·정·군 최고 책임자를 친소파의 거두인 가오강이 담당하였다. 동북지역은 풍족한 자연자원에다 일본의 괴뢰정권 만주국과 소련군의 무혈개입 등으로 산업화가 잘 전개 보존된 지역일 뿐만 아니라 당시 최신 장비로 무장된 25만여 명의 정예병력을 지닌 제4야전군의 본거지였다. 그러나 가오강은 공산 정부 수립 이후 최초로 숙청되고 1954년 자살로 비극적 생을 마감하였던 중국 최고위급 정치·군사지도자이다.

건국 3개월 전, 1949년 7월 류샤오치(劉少奇)와 함께 모스크바를 방문한 가오는 스탈린과의 회담에서 동북이 소련의 17번째 가맹 공화국으로 편입될 것과 칭다오항에 소련 함대를 파견하고 소련이 점유하고 있는 뤼순과 다롄항에 소련군 병력을 증파하여 미국의 위협에 대응할 것을 제안했다. 류는 가오를 매국노로 질타하며 그의 발언을 베이징에 보고했다.

그러나 마오는 보고서조차 읽지 않은 듯 가오를 더욱 우대하고 국가부주석을 겸직시켜 주었다. 1949년 9월 마오쩌둥은 동북지역의 모든 가정과 공공건물에 스탈린의 초상화만 걸려 있고 마오의 초상화는 전혀 걸려 있지 않으며 동북은 중국이라기보다는 소련의 일부처럼 보인다는 보고를 받게 되었다. 마오는 정치국 회의를 소집하여 가오에게 스탈린의 초상화는 소련 관련 건물을 제외하고는 모두 철거하라고 지시했다. 그러나 1949년 12월 초 모스크바 방문길에 오른 마오쩌둥은 선양에 도착하여 시찰하는 동안 스탈린의 초상화만 보았지 자신의 초상화는 어디에서도 볼 수 없었다.

외지인에게 동북은 중국보다 소련의 일부처럼 보였다. 또한 가오는 동북인민정부 단독으로 소련 중앙정부와 국제무역협정을 체결하는 호기를 부렸다. 중앙정부의 지시를 묵살하기 다반사였던 가오는 베이징의 방문 요청을 바쁘다는 핑계로 거절하는 대신, 선양으로 와줄 것을 요구하기도 하였다. 심지어 중앙군구와 타 군구 소속의 병력 및 군수물자의 동북 관내로의 진입을 전면 통제하기도 하였다.

마오가 이처럼 방약무인한 가오를 방치하였던, 또는 속수무책이었던 까닭은 당시 여타 지역을 압도하던 동북의 경제력, 군사력과 아울러 그에 대한 소련의 적극적 후원과 뤼순다롄항에 거점을 둔 소련의 군사기지와 창춘 철도에 대한 소련의 이권 때문이었다. 그러나 그보다 더 큰 이유는 당시 마오쩌둥의 제1주적은 소련의 괴뢰 가오강보다는 국민당의 장제스였기 때문이다. 마오는 하루 빨리, 바다 건너 일본 식민지였던 섬으로 도망가 내륙남부와 해안도서 지역에서 완강한 저항을 조종하고 있는 장제스 국민당 일당을 섬멸하고 싶었던 것이었다.

마오는 친소파 김일성을 혐오했다

일찍이 1949년 3월, 김일성은 소련을 방문하여 무력으로 한반도를 통일해 보겠다는 구상을 밝혔으나 스탈린은 일언지하에 거부했다. 스탈린이 거부한 까닭은 당시 소련은 핵무기도 없었고(1949년 9월 3일 소련 핵실험 성공), 한국에 미군이 주둔하고 있었기 때문이었다고 추정된다. 이에 김일성은 남침 야심을 포기하지 않고 그해 4월 하순 내무부상(차관) 김일을 베이징에 파견하여 마오쩌둥의 동의를 구하였다. 이에 마오는 중국이 장제스의 잔당을 궤멸하느라 총력을 기울이고 있으며, 남침은 미국의 참전을 불러일으킬 위험성이 큰 무모한 행위라며 간단한 몇 마디로 김일을 돌려보냈다. 마오쩌둥-김일의 회담시간은 통역을 포함, 총 20분이 넘지 않은 극히 짧은 것이었다.

일부 기존 자료에는 1949년 12월 마오쩌둥이 소련 방문 시 스탈린과 김일성과 중국 참전에 관한 밀약을 맺었다고 적혀 있는데 현재 공개된 구소련 자료에는 이에 대한 기록이 전혀 없다. 중국 측의 자료도 마오쩌둥의 소련 방문의 주요 목적은 대만과, 신장 위구르, 티베트, 동북(만주) 등지에 대한 소련의 지원과 양보를 얻어내는 것이었으며 북한에 의한 무력통일은 거론조차 하지 않았고, 할 필요성도 없었다고 한다.

그런데 1950년 1월, 미국 국방부 장관 에치슨이 충격적 선언을 하였다. 그동안 미국이 공산주의에 대항해 해당 국가의 안전을 지켜준다는 의미였던 '안전보장선'에서 한국과 대만을 제외시킨다는 것이었다. 미국의 공산주의 극동방어선이 알류샨군도에서 일본열도, 류큐군도에서 필리핀군도로 이르는 이른바 '에치슨 라인'으로 후퇴되었다. 에치슨 선언을 미국이 남한을 완전히 포기한다는 것으로 지레짐작한 김일성은 그해 2월, 재차 소련을 방문한다. 스탈린은 이번에는 김일성의 남침 주장에 동의하였다. 소련에 원자폭탄도 생겼고 미국이 에치슨 라인 뒤로 물러난다고 공언하였기 때문이다.

5월 13일 베이징을 방문한 김일성은 당일 밤 마오쩌둥과 회담 시 스탈린이 남침을 승낙했으며 남침에 대한 소련의 지원을 약속했다고 밝혔다. 그리고 자신은 마오에 대하여 남침 동의만 요구하는 것이지 중국의 원조

11-1 마오쩌둥이 중화인민공화국 건국을 선포한 1949년부터 한국전쟁이 끝나고 숙적 가오강을 제거한 1953년까지 중국은 사실상 삼국시대였다. 중국 내지(동부)의 대부분을 차지한 마오쩌둥의 공산당, 내륙남부와 해안과 도서 지역에서 완강한 저항을 계속한 장제스의 국민당, 그리고 광활하고 윤택한 동북지역을 장악한 가오강의 친소세력. 중국은 여전히 3분된 상태였다. 마오가 가오를 숙청하여 동북을 완전히 독차지한 1954년에야 중화인민공화국이 제헌헌법을 제정하였음을 보아도 알 수 있다.

는 필요 없다고 장담하였다. 마오쩌둥은 다음 날 주중 소련대사를 초치하여 김일성의 발언에 대한 진위여부를 확인 요청하였다. 주중 소련대사는 스탈린과 유선상으로 통화한 결과 김일성의 발언이 사실임을 재확인했다. 이에 기고만장한 김일성은 세계 공산제국 황제인 스탈린의 지원을 받는다고 자부하며 마오에게는 남침의 구체적 계획을 발설하지 않았고 주로 동북 제1서기인 가오강과의 연락을 긴밀히 취했다. 마오쩌둥 역시 자세히 알려고 하지 않았다.

마오는 애당초 당시 30대 중반인 김일성 출신 성분 자체가 가오강보다 더한 극렬 친소파라 혐오했다. 마오가 평생 가장 증오하였던 정적은 친소

파였으며 그의 최후 최대의 주적국은 미국이 아니라 소련이었다. 때마침 마오의 인민해방군은 하이난다오를 점령하여 국민당 잔당의 본부인 대만 상륙작전에만 모든 정력을 집중해야 했다.

해전에는 젬병이었던 중국의 출구전략

한국전쟁 발발 전 중국과 북한은 수교하였지만 주 평양 중국대사관은 정식으로 개설되지 않았으며 중국 초대 대사는 병을 핑계로 우한에서 휴가를 보내고 있었다. 북한 측 역시 베이징에는 대사관 청사조차 물색하지 않고 오직 가오강이 지배하고 있는 동북위원회 선양에다 상무대표처만 파견하였다. 즉 한국전쟁 이전 중국은 대만을 점령하여 장제스 국민당을 섬멸할 것에만 골몰하였지 한반도 전쟁에 적극적으로 개입한 흔적은 찾아보기 힘들다.

1950년 한국전쟁 발발 후, 중국은 여전히 국민당 잔당과 전투 중이었다. 6월 27일 미국 트루먼 대통령은 미국공군과 해군부대는 한국 정부를 엄호하고 지지할 것과 중국이 대만 침공을 무력으로 결정하였음을 선포하였다. 그러자 28일 저우언라이 총리 겸 외교부장은 미국 수중에서 대만을 해방시킬 때까지 전쟁을 절대로 포기하지 않을 것이라고 선포했다. 그러나 이는 엄포였을 뿐이었다. 미국 지상부대가 실제 참전하자 마오쩌둥의 주의력은 대만에서 동북으로 확 바뀌어 버렸다.

아직도 베이징 측이나 대만 측의 학자들을 비롯한 많은 사람들은 한국전쟁 발발 덕분에 대만이 적화되지 않고 살 수 있었다고 주장하는데 이는 엄밀히 말하여 사실과 거리가 멀다. 당시 중국군의 해군 및 수륙양용 작전에 투입될 해병대 전력은 0에 가깝고 상륙작전에 동원될 무기 수준

역시 형편없었다. 중국군이 역시 섬인 하이난다오 점령에 성공했다고 하지만 하이난다오는 대만과 달리 육지와의 거리가 매우 가깝고 국민당 주력부대가 없었기 때문이었다. 한마디로 중국 공산군 역시 그들 조상처럼 육전에는 선수였지만 해전에는 젬병이었다. 중국이 해전에 승리다운 승리를 한 번이라도 한 적이 있던가?

불세출의 전략가 마오쩌둥은 '출구전략'이 필요했다. 마침 미국 지상부대가 참전하자 마오의 눈길은 대만이라는 작은 섬에서 한족이 주체가 된 제국으로는 한 번도 차지한 적이 없는 신천지인 저 동북방 광활한 대륙으로 향했다. 마오는 8월 11일 중앙군사위원회에 '대만 해방전쟁 연기'를 지시했으며 '대만 해방' 구호를 잠정 중지하라고 지시했다.

그러나 표면적인 대반전은 9월 15일 유엔군의 인천상륙작전 성공 후 발생했다. 그간 소련의 하수인인 가오강과 내밀한 연락을 취하며 베이징에 대해서는 얼마나 신속하게 남한을 공산화하는가 지켜보기만 하라는 듯 기고만장하던 김일성은 박일우 차수(대장)를 압록강 건너 안동(현재 단동)에 파견해 중국의 파병을 애걸했다. 또한 1950년 10월 1일 새벽 2시 50분(모스크바 시각) 스탈린은 김일성의 구원 요청 편지를 받는다. 10분 후 스탈린은 마오쩌둥에게 중국군의 북한 파병을 요청하는 급전을 때렸다. 심야에 급전을 받은 마오쩌둥은 마치 기다리고 있었다는 담담한 표정에 약간의 미소마저 담겨 있었다고 그의 러시아어 통역관 스저(師哲)는 후일 회고했다.

순망치한의 입술은 만주

10월 2일 새벽부터 10월 4일 오후까지 마오쩌둥은 중앙서기처와 중앙정치국확대회의를 소집하여 중난하이에서 장장 60시간의 마라톤 회의를 개최했다. 최근 일부 공개된 발언록을 살펴보면 이렇다.

국방위원회 부주석 주더(朱德)는 "군사력 면에서 중국은 미국의 상대가 되지 않는다"면서 참전을 극력 반대하였다. 주더는 다음과 같이 구체적 근거를 적시했다.

"2개 보병사단과 1개 기계화사단으로 구성된 미군 1개 군단은 탱크와 70미리 곡사포와 240미리 장사정 방사포 등 각종 고성능 대포를 1500여 문이나 보유한 반면 중국 3개 사단, 1개 군단이 갖춘 포는 겨우 198문뿐이다. 또한 미군은 각종 전투기와 폭격기와 1천1백여 대를 동원하여 제공권을 장악한 데 반하여 중국은 공군 자체가 없으며 해군 역시 대만 침공을 대비해 1949년 말 급조된 것이다."

정무원 총리 겸 외교부장 저우언라이도 "중국인민은 오랜 전쟁으로 약간의 염전사상이 팽배해 있으며 참전은 세계 최강대국 미국과 척을 지게 되어 결국 국제관계에서의 고립을 초래할 것이다"라며 참전 반대를 분명히 하였다.

베이징 군구사령관 겸 베이징 시장 에지엔잉은 "중국 본토의 안전이 위협을 받게 될 경우 참전을 검토해도 늦지 않다. 미국과의 전진전쟁은 중국을 폐허로 변해 버리게 하는 경거망동이다"라며 거친 어조로 반대하였다.

늦게 회의에 참여한 펑더화 역시 경거망동은 하지 말아야 한다며 소련의 공군력과 물자를 지원받는다는 조건이라면 참전을 검토해 볼 만하다고 꼬리를 붙였다.

정치국원 겸 난징 인민정부 시장 쑤위(粟裕)는 "중국군이 참전한다 해도 북한군은 중국군의 지휘를 받지 않으며 제멋대로 행동할 것이다"라며 참전에 반대하였다. 그는 후일 실제로 동북방어군 총사령관에 임명됨에 불구하고 병을 핑계로 부임하지 않았다.

가오강의 직속 선배로서 동북방면의 제4야전군 총사령관이었던 린뱌오(林彪)도 "북한은 산이 높고 숲이 우거지고 지형이 동서로 협소하여 북한 진입 후 작전방식과 국민당과의 작전방식이 많이 달라 작전 수행에 어려움이 많을 것이다. 미군은 국민당 군이 보유한 전투기와 탱크, 대포보다 질적 양적 면에서 훨씬 우수하기 때문에 중국군은 더욱더 많은 희생을 치를 것이다"라며 참전을 극구 반대했다. 그는 후일 병을 핑계되고 지원군 총사령관 직위를 거부했다.

한편 동북지역 당·정·군 최고 책임자 가오강은 정치국원 대부분이 참전에 반대의견을 표시하자 그렇게 결정될 것으로 알고 침묵을 지키고 있었다.

그러자 마오쩌둥은 참전에 부정적 입장을 견지하는 대다수의 정치국원들을 집요하고 진지하게 설득했다. 마오가 역설한 중국군 참전 이유 요지는 이렇다.

"스탈린은 인천상륙작전 후 사실상 북한을 포기하고 김일성에게 패잔병들을 동북으로 퇴각하도록 명령했다. 미군은 그들을 끝까지 추격해 올 것이다. 만약 미군이 동북을 침략한다면 소련은 중소군사동맹 조약에 근거해 수십만 명의 소련군을 동북에 추가로 진주시킬 것이다. 장춘철도와 뤼순과 다롄항은 여전히 소련이 점거하고 있다. 만약 미군을 패퇴시키더라도 어떻게 그 많은 소련군을 철군시킬 것인가. 동북이 전쟁터로 변하면 전체 중국의 경제건설계획이 파괴되고 민족자산계급과 일부 계층이 우리에게 적대적으로 돌아설 것이다. 동북의 미국이나 소련의 영유를 막기 위해서 동북까지 이어지는 전란의 도화선을 미리 끊으려면 북한으로 출병해야만 한다."

그러자 군사적 열세를 들어 가장 먼저 반대하던 주더가 가장 먼저 찬성의 뜻을 표시했다. 그는 호탕하게 웃으며 '순망치한(脣亡齒寒, 입술이 없으면 이가 시리다)'이라는 사자성어를 외쳤다. 나는 이때 주더가 말한 입술은 '북한'보다는 '동북'을 지칭한 것에 가깝다고 생각한다. 마오쩌둥의 발언 중에 '동북'이 전쟁터로 화하면 '전체 중국'의 안위가 위태로워진다는 사실을 강조했을 뿐이지, 북한의 안전에 대해서는 별다른 언급을 하지 않았기 때문이다. 아무튼 정치국 위원 중 최고 연장자인 그의 '순망치한'의 외침에 정치국 위원들은 박수로서 동의를 표했다.

팔짱을 끼고 침묵을 지키던 가오강이 그제야 자리를 박차고 일어나 '북한은 소련이 책임지는데 왜 중국이 끼어들려고 야단인가'라고 고함을 치며 참전 반대의사를 고수했지만 대세에 따를 수밖에 없었다. 결국 중국군의 주력부대는 대부분 동북 출신 제4야전군으로 충당, 소모되었고, 총사령관은 펑더화이가, 병참지원은 가오가 떠맡았다. 기름기로 반질반질한 살찐 돼지 등처럼 윤기 넘치던 동북의 인적, 물적 자원과 마오(毛)의 코털도 마음대로 뽑을 것처럼 막강하던 가오의 권력은 하수구에 물이 빠지듯 전쟁 후반부로 갈수록 급격히 소진되었다. 중국보다 소련의 국익에 부합되는 가오의 친소행각과 동북의 독자세력화는 중국의 한국전 참전을 유발하는 한 요인이 되었다.

마오쩌둥은 자신이 가장 총애하던 아들이자 장남인 마오안잉(毛岸英)을 참전시켰으나 압록강을 건넌 지 한 달도 채 못 돼 미군의 폭격기에 의

해 폭사당했다. 마오가 마오안잉을 참전시킨 내면적 동기는 그 어느 책과 자료에도 찾을 수 없다. 다만 나는 정치국원 대다수의 반대를 무릅쓰고 주로 동북지역 출신의 젊은이들을 인해전술로 사지에 몰아넣게 한 데 대한 마오쩌둥식 솔선수범 내지 자기희생, 노블리스 오블리제의 퍼포먼스라고도 분석된다. 마오안잉의 시체는 마오의 명에 의해 북한에 매장되어 있다. 마오안잉의 묘는 중국–북한 간의 혈맹의 상징이자(대다수 우리 언론에서는 이렇게만 표현하지만), 중국이 북한에 대하여 요구하는, 썩지 않는 '피의 채권'이라는 생각도 든다.

동북 오랑캐로 서양 오랑캐를 제압

한편 중국의 일부 지식인들은 자국 초대 주석이 장남의 목숨까지 희생시켜 가며 구해준 북한 정권이 3대 세습을 하려는 데 대하여 극도의 배신감과 경멸감을 감추지 않고 있다. 반면 비록 일당독재를 유지하지만, 이미 30여 년 전부터 세습제는 말할 것도 없고 종신제도 폐지했으며 예측 가능한 임기제와 후계자 양성, 선발제를 순조롭게 실시해 오고 있다는 데 대해 일종의 체제적 자부심을 느끼고 있다.

마오의 장남을 포함, 20여만 명의 사망자(대부분 동북 출신, 만주족이 상당수를 차지)를 낸 한국전에서 중국이 얻은 대가는 무엇인가. 마오는 그의 일생에서 가장 껄끄러웠던 정적을 축출했고, 동북을 소련과 미국의 영향을 받지 않는 중국의 영토로 확보했다. 즉 동북의 오랑캐로써 서양의 오랑캐를 무찌른 이이제이(以夷制夷) 전략이 거둔 전리품이었다. 그 전리품은 현재 중국 곡물 생산량의 70% 이상을 생산하는 곡창이자 각종 석유와 석탄 철광이 노다지로 나오는 비옥하고 알찬, 중서부지역 모든 성을 다 준다 해도 바꿀 수 없는 황금 땅(전 랴오닝 성 당서기의 발언)이 되어 가고 있다.

또한 그 전리품은 삼황오제의 전설시대로부터 왕국, 제국이나 공화국 시절까지를 모두 포괄한 반만년 중국사에서 한족(漢族)이 주체가 된 정권으로는 처음으로 공식적으로 중국 땅에 편입된 것이다. 지금으로부터 60년도 채 안 된, 1953년부터.

그래서 일찍이 다산 정약용이 명료하게 정의한 바 있던 '만리장성의 남쪽에 있는 나라를 중국이라 한다'를 이제는 '압록강 북쪽에 있는 나라를 중국이라 한다'라고 고쳐 불러도 누구 하나 이의를 제기하지 않게 되어 버렸다.

12. 마오쩌둥을 키운 건 마르크스가 아닌 진시황

—티베트와 인도를 침공하다

마오는 공산주의자였을까?

어쩐지 좀 이상하지 않은가? 아직도 많은 사람들은 으레 중국 하면 빨간 칠을 해놓고 '주의'를 붙여 사회주의, 공산주의(사회주의의 이상적 형태, 이하 '공산주의'로 통칭) 중국으로 부르고 있는데, 그런 붉은 중국이 외환보유고, 미국국채보유고, 수출총액, 에너지생산량 등등 각종 자본주의적 경제지표에서 세계 1위를 차지, 자본주의 대표국가 미국을 추월하며 무서운 속도로 팽창하고 있으니.

옛 소련이나 동구권 국가 등 마르크스주의에 근거한 공산주의 체제는 초장에는 일사불란하게 효율적으로 잘나가는 것 같이 보이다가 어느 시점에 이르면 급격히 붕괴하는 '서든데스' 현상을 보여 왔는데, 중국 붕괴론, 중국 분열론, 중국 거품론 등등 서방세계의 저주에 가까운 예상을 깨뜨리며 저 이른바 '좌빨 원조 대국 중국'은 좀처럼 죽거나 쪼개지지 않고 마치 빅뱅이라도 일어난 것처럼 무한 팽창하고 있는 까닭은 도대체 무엇이란 말인가.

그래서 나는 감히 원초적 의문을 몇 가지 던져보기로 한다. 중국의 공산주의, 과연 그것은 무엇일까? 중국의 속살까지 빨간색일까, 혹시 겉만 빨간색으로 포장하고 있는 건 아닐까? 반만년 생래적 자본주의자 비단장사 왕 서방인 중국인, 그들이 공산주의를 과연 뭐 하는 데 쓰는 것으로 알고 있을까? 오늘의 공산 중국 초대 황제 마오쩌둥이 동양 사람이 이해

12-1 청년 시절의 마오쩌둥.

하기에는 난해한 마르크스 공산주의 따위의 참의미를 알았을까, 아니 알 필요조차 있었을까? 마오의 필생의 롤모델은 과연 누구였을까?

"마오 동지, 당신은 마르크스주의에 대해서는 전혀 모르고 있소. 당신이 알고 있는 것은 손자병법뿐이오."

이 말은 마오쩌둥이 1935년 1월 대장정 중에 거행된 준의회의에서 중국 공산당의 최고지도자로 첫 등극하게 되었을 때, 소련 유학을 갔다 온 중국공산당의 이론가 한 사람이 내뱉은 비난의 한마디이다. 그 비난이 시사해 주는 바는 매우 크다. 만약 마오가 마르크스를 이해했다면 어떻게 되었을까? 역설적으로 말해 그는 마르크스 공산주의를 잘 몰랐고 중국의 시간(역사)과 공간(지리), 즉 중국을 잘 알았기 때문에 중국혁명의 최후 승리자가 되었다.

비록 비상한 두뇌의 소유자였으나 해외유학은커녕 대륙을 석권하기까지 단 한 번도 중국 땅을 벗어나 본 적이 없는 중국판 신토불이, 토종 혁명가인 마오가 독일의 관념주의 철학에 뿌리를 둔 마르크스의 난해한 이론을 이해하기란, 마치 서양인이 동양고전 《주역》에 녹아든 동양의 우주적 직관과 상상력, 그리고 사유의 심오한 뜻을 깨달으려고 하는 것처럼 극도로 어려운, 실제로는 지극히 불필요한 작업이었을 것이다.

1918년 무렵, 베이징 도서관 열람실에서 한 사서청년이 책을 읽고 있었다. 180센티미터가 넘는 훤칠한 키에 꿈꾸는 듯한 커다란 눈, 넓은 이마와 단정히 빗은 머리카락, 그리고 감각적인 입에 매력적인 미소를 지닌 여성과 흡사한 미남 청년, 후일 공산 중국의 황제로 등극하는 청년 마오쩌둥의 모습이다.

후일 마오는 그의 사서 시절 베이징 도서관 장서의 절반 이상을 뒤지며 열심히 책을 읽었지만 그의 영혼을 흡인시킬 수 있는 책은 《수호전》, 《삼국지연의》, 《홍루몽》, 《사기》, 《한서》, 《정관정요》, 《자치통감》, 《25사》, 중국지리와 세계지리 관련 서적 등 주로 중국 고전과 역사지리서였다고 술회하였다. 그러나 서양의 사상과 과학기술, 경제무역, 회계학 관련 서적은 거들떠보지도 않았다.

마오쩌둥 연구로 세계적 명성을 누리고 있는 하버드대학의 로스 테릴(Ross Terrill) 교수도 그의 저서에서 마오의 독서에 대해 이렇게 기록하고 있다.

"마오는 독서광으로 유명한 프랑스의 드골을 뛰어넘는, 20세기 세계 지도자 중 제일의 독서가이자 저술가였다. 특히 역사와 지리 방면에는 타의 추종을 불허하는 독보적인 독서광이었으나 과학기술이나 경제경영은 물론 민주주의, 사회주의, 공산주의를 포함한 서구의 정치사상 서적에는 별 홍미가 없었다."

마오의 성공비결

마오는 공산주의 경전 《자본론》을 읽지 않았다. 비단 사서 시절뿐만 아니라, 마오는 평생 한 번도 마 선생(馬先生, 중국인이 마르크스를 지칭하는 말)과 마음을 열어놓고 깊은 대화를 나눠본 적이 없다. 이 말은 마르크스가 대영제국 의회도서관에서 18년 동안의 장구한 세월을 심혈을 기울이며 저술해 1867년 독일 함부르크에서 펴낸 《자본론(Das Kapital)》의 원문은 물론, 1872년 러시아판, 20세기 초반에 나온 영문판, 일문판은커녕 중문본도 읽지 않았다는 사실이다.

정통 공산주의자들에게 《자본론》은 기독교인의 성경과 같은 근본적인 경전이라고 할 수 있다. 성경을 읽지 않은 자를 참된 기독교도라고 할 수 없듯, 공산주의의 성경이라고 할 수 있는 《자본론》을 본 적이 없는 마오쩌둥을 이제껏 동방의 공산주의 수괴로 지칭해 왔던 것이다.

하도 난해하고 방대해 웬만한 서구의 지식인이 읽기에도 힘든 거작 《자본론》이 들어올 만큼 당시 중국의 사정은 그렇게 여유작작한 분위기가 아니었다. 중국 땅에 《자본론》 중역본이 첫발을 내디딘 것은 1938년 9월 일본 세력하의 상하이에서였다.

그것도 궈다리(郭大力)라는 퇴직교사 출신이 독문 원본이 아닌 영문 번역본을 초벌 번역한 것으로 후일 엉터리 번역이 많아 1968년에 재번역한 것이다. 오리지널 독문 자본론을 직접 중문으로 완역한 것이 처음으로 베이징의 중국공산당 본부에 등장한 때는 마오쩌둥 사망 11년 후인 1987년도. 그것마저도 오역투성이라는 믿기지 않는 사실은 반드시 짚고 넘어가야 할 대목이라 생각한다.

중국공산당 생활에 있어서 마오쩌둥은 매우 불우했다. 마오는 1921년 7월 중국공산당 창당 멤버 중의 하나였으나 공산주의에 대한 지식은 조악했다. 당시 중국공산당은 소련에서 직접 파견한 고문단이나 소련에서 마르크스-레닌주의 이론을 배우고 돌아온 소련유학파들에 의해 지도되고 있었기 때문에 마오는 후난 성 출신의 고집 센 촌뜨기로 경멸받고 있었다.

그러나 마오쩌둥은 합리적 사유와 근대 이성주의의 한계를 초극하지 못하는 독일의 관념주의보다는 진시황을 비롯한 중국의 황제들과 《수호전》, 《손자병법》 등 역사소설과 병법서 속에서 그의 혁명이상과 전략전술, 투쟁 재료를 찾아내기에 익숙했다. 마오는 또한 일찍이 농민이 독자적으로 혁명을 수행할 수 있다는 데 착안해 농민을 중국 혁명의 주도세력으로 보았다.

초기 중국공산당의 간부들은 거의 소련유학파 지식인 출신이었는데 그들은 중국 현실과 중국인의 본성에 전혀 맞지 않는, 마르크스 이론을 주절대는 것에나 능했지 중국의 사회 현실에 대해서 아무것도 몰랐다. 중국인의 90% 이상이 살고 있는 농촌 상황에 대해서는 더더군다나 아는 것이 없었다.

그러나 마오쩌둥은 달랐다. 진시황을 닮은 카리스마, 통일과 팽창에 대한 강력한 욕구, "왕후장상의 씨가 따로 있느냐"는 진승, 오광의 난을 필두로 평등을 혁명이념으로 내걸며 중국의 시공을 수놓은 무수한 농민봉기들, 성공한 혁명사와 실패한 반란사와 자신과의 관계에 관한 역사 지리

12-2 진시황의 통일 진나라의 최대 판도. 마오쩌둥이 팽창시킨 현대 중국의 판도는
진시황 시절에 비해 4배가량 넓다. 진시황 통일 이전의 진나라와 마오의 초기
공산정권 근거지는 오늘날 싼시(陝西) 성 부근에 해당되어 서로 겹친다.

적 인식, 묵가사상(평등을 주창하여 오늘날의 민주사회주의와 유사), 도가
사상(무정부주의, 자급자족적 이상사회 추구)을 위시한 중국의 제자백가
사상 그리고 마치 '걸어 다니는 백과사전' 같은 박학다식과 상식이 혼합된
종합체와 중국의 후진 농업환경의 교차 지점에서 마오의 능력은 어느 누
구도 항거할 수 없는 힘으로 빛나게 되었다.

마오는 무한팽창주의자

1949년 10월 1일, 만 56세의 마오쩌둥은 그의 서재를 나왔다. 중화인민
공화국 성립을 선포하고 국기게양식을 하기 위해서였다. 창안지에(長安街)
는 인파로 가득 찼다. 마오쩌둥이 탄 전용차량 앞에는 탱크 한 대가 길을
열고 있었다.

미제 샤먼 탱크, 일련번호 237438W14. 디트로이트에서 태평양을 건너 상하이 항에 상륙한 그 탱크는 마오쩌둥 섬멸을 지원하기 위해 루스벨트가 장제스에게 보낸 선물이었다. 샤먼 237438W14는 '자유세계'에서 한 시절을 보냈으나, 이제는 육중한 소리를 내며 톈안먼 광장 앞으로 이어지는 창안지에를 통하여 '또 다른 세계'를 향하여 전진하였다.

마오쩌둥은 톈안먼 망루에 올라 외쳤다. "인류의 4분의 1을 차지하는 중국인은 이미 일어섰다. 중화민족은 모욕을 받지 않는 민족이 되었다"로 시작되는 건국 기념사와 국기게양식 축사에서 마오는 단 한마디도 '주의 (ism)'나 '외국인'을 거론하지 않았다. 아주 특별한 그날의 키워드는 중국, 역사, 지리, 국가, 민족 등이었다.

중화민국의 국기였던 청천백일기 대신 중화인민공화국의 국기 오성홍기가 게양되었다. 손문이 열었던 푸른 하늘은 감빛 노을로 붉게 물들고 손문이 가리켰던 하얀 태양은 금빛 찬란한 다섯 개의 별로 바뀌었다. 이 중화인민공화국의 건국 의식이자 공산 황제의 등극식을 거행하던 날 수많은 중국의 평민 백성들의 뇌리에는 무엇이 되살아나고 있었을까?

오랜 과거의 추억이 가까운 과거의 기억보다 오히려 생생하게 떠오르는 노인들처럼 중국인들의 뇌리에는 역사의 강물을 거슬러 올라가며 무수한 영웅호걸들의 영상들이 오버랩되며 파노라마로 되살아나고 있었다. 특히 마오의 청년기와 정강산(井岡山) 시절의 롤모델이었던 수호전 양산박의 108영웅들에 이어, 대장정 시기의 롤모델이었던 명말 유적 집단의 총두목 이자성(李自成)이 화면을 반쯤 메운 모습으로 등장했다.•

• 졸저, 《협객의 칼 끝에 천하가 춤춘다》, 《협객의 나라 중국》 참조.

그런데 파노라마의 맨 끝부분, 이전의 모든 출연자들을 깡그리 압도할 만한 거대한 형상의 캐릭터 하나가 화면을 독점하더니 정지화면으로 고정되었다. 그는 바로 진시황(BC 259~BC 210). 1936년 공산당 통치거점 엔안(延安) 시절 이후 1976년 9월 9일 베이징에서 숨을 거둘 때까지의 마오쩌둥의 최대, 최고, 최후의 궁극적 롤모델이었다.

마오의 커밍아웃, 나 역시 진시황이다

"진시황은 중국 봉건사회의 제일 유명한 황제이다. 나 역시 진시황이다(我也是秦始皇). 린뱌오는 나를 진시황이라고 욕했다. 중국 역사는 두 개 파로 나뉜다. 하나는 친 진시황파, 다른 하나는 반 진시황파. 나는 진시황에 찬성하나 공자는 반대한다. 왜냐하면 진시황은 중국을 하나로 통일했고 문자를 통일했고 사통팔달의 도로를 건설했다. 또한 나라 속에 나라를 조장하는 지방분권제를 혁파하고 중앙집권제를 실시하였다. 중앙에서 임기제 지방관을 파견하여 토호세력의 세습제를 철폐하였다."

이는 80세의 마오쩌둥이 1973년 9월 23일, 이집트 부통령 후세인 알 사페이(Hussein Al-Shafei)를 접견한 공식석상에서 한 발언이다. '커밍아웃'이었다. 특히 마오를 정통 마르크스주의자는 아니더라도 토종 공산주의자 정도로 옹호해 왔던 골수 친소파와 극좌파들에게는 초대 주석의 봉건 황제적 정치지향과 정체성을 적나라하게 드러낸 벼락같은 '배신의 피날레'였다.

진시황에 대한 마오쩌둥의 평가는 1949년 신중국(중화인민공화국) 건국 이전과 이후가 극명하게 다르다. 신중국 건국 이전 마오는 진승, 오광, 이자성, 홍수전 등 중국사의 농민봉기 지도자들에 대한 어록을 많이 남겼으나 진시황에 대한 언급은 가급적 회피하였고, 간혹 거론하더라도 분서 갱유 등 부정적 측면만을 유독 강조하였다. 당시 진보적 사상으로 치부되 었던 마르크스 공산주의를 지도사상으로 하여 조직된 중국공산당, 당 주 석이 어찌 함부로 봉건황제를 찬양할 수 있겠는가. 제 아무리 당 주석이 라 하더라도 반당 반혁명분자로 몰려 형장의 이슬로 사라질 수도 있는 위 험천만한 우행으로 판단했으리라.

진시황 천하통일 이전의 진나라 판도에 속한 싼시 성 일대를 장기 점거하면서 항일전쟁과 국공내전에서 세력을 확장해 가는 혁명과도기 (1936~1949)에, 마오는 진시황을 자신의 롤모델로 '내밀히' 삼았다. 정강산 과 대장정 시절에 각각 '공개적으로' 수호전 108영웅과 이자성을 롤모델로 삼은 것과는 달리.

혁명과도기에 마오는 진시황의 천하통일과 무한팽창정책을 완전히 자 기 것으로 받아들여 마오 자신의 가치체계로 소화한, 이른바 진시황의 내 면화(internalization)를 이루었다고 분석된다.

그러나 마오는 신중국 건국 이후부터 진시황의 긍정적 측면을 부각시 키는 공개 발언을 시작하였다. 진시황에 관한 마오의 수많은 발언이 있지 만, 마오의 제8기 당중앙회의 2차 회의 시(1958년 5월 8일~18일) 어록 한 두 구절을 더 들기로 한다.

"진시황은 현실을 중시하여 구습을 혁파하는 일의 전문가였다. (이때 린뱌오가 '진시황은 분서갱유를 저질렀다'며 마오의 발언을 끊고 들어왔 다. 잠시 침묵 후) 나 역시 진시황을 인용하는 것은 좋아하지 않는다. 그 러나 진시황의 분서갱유쯤이야 나에 비하면 새 발의 피다. 진시황은 겨 우 460명의 유생을 생매장했지만 우리는 4만 6천 명의 유생을 생매장했다. 우리가 혁명을 하면서 무수한 반혁명지식인들을 죽이지 않았나? 언젠가 한 민주파 인사와 논쟁한 적이 있었다. 나는 그에게 이렇게 대꾸했다. 당신은 내가 진시황이라고 욕한다. 그렇다. 나는 진시황이 아니라고 한 번도 부인한 적 없다. 그러나 안타깝게도, 당신의 비난은 너무 부족하다. 더욱 심한 욕설을 해다오, 나 마오쩌둥은 진시황보다 백배 심한 독재자라고."

"'공산주의', '제국주의' 등 현재 우리가 밥 먹듯이 쓰고 있는 상용어는 원래 소련이나 미국 영국 등지에서 나온 외래어를 중문으로 번역한 것들이다. 중국인과 외국인의 이들 외래어에 대한 인식은 하늘과 땅 차이만큼 완전히 다르다. 진시황 이후 중국인은 외국인을 눈 안에 담지도 않았었다. 청나라 말엽부터 영국과 소련 등 제국주의 세력의 침입으로 중국인은 노예가 되어버렸다. 과거의 오만이 지금은 굴종으로 변해버렸다. 지금 당 내에는 외래품이라면 막무가내로 숭배하는 풍조가 있다. 공산주의, 제국주의 따위의 외래용어들을 함의도 알지 못하면서 아는 체하는 폐습은 반드시 교정하여야 한다."

위의 마오의 첫 어록에서 알 수 있듯 마오는 진시황의 정체성을 마오 자신의 정체성에 융합시키는 동일시(identification) 현상을 노출하고 있다. 급기야는 제2의 분서갱유, 즉 10년 문화대혁명을 일으켜 2천만 명을 살해하는 만행을 저질렀다. 그의 살생부에 생(生)으로 표시된 자 빼놓고는 모두가 타도되었다.

자신을 영원한 붉은 태양(紅太陽)으로 부르도록 우상숭배를 음양으로 강요하였다. 죽음을 3년 앞둔 시점에 마오 자신 스스로 '나 역시 진시황이다'라는 나쁘게 말하면 심각한 착란현상에 빠지고, 좋게 말하면 '만년

(晩年)의 진솔한 고백'을 하게 된다. 또한 위에 제시한 두 번째 어록에서 마오가 '공산주의'를 서양에서 건너온 '외래품'의 일종으로 간주할 정도로 탐탁하게 여기지 않았음을 확연하게 볼 수 있다. 의외이다.

진시황의 청출어람, 마오의 '미친 팽창'

천하통일과 팽창정책 면에서 진시황과 마오쩌둥의 업적을 비교하자면 다음과 같다. 통일 전에 진시황은 진나라의 국왕이었다. 당시 천하는 7개 국으로 분할 웅거하고 있었다. 진나라 하나로 보면 최강이었지만 나머지 6국의 국력을 합친 종합 국력으로 보면 진나라는 약소국이었다. 그러나 6 국은 역시 6국, 느슨한 동맹체제하의 개별 국가의 국력은 분산되는 법이라서 결국 6국은 진나라에게 멸망당했다.

국공내전 시 중국에는 장제스의 국민당과 마오쩌둥의 공산당이 맞서고 있었다. 당시의 국민당은 중국의 가장 부유한 지역 대부분을 차지하였고 공산당은 진시황 통일 이전의 진나라 영토였던 서북방의 황토고원 일대만 점거하고 있었다. 진나라처럼 초기의 마오쩌둥 세력은 미약하였으나 갈수록 창대하여졌다. 전국시대 6국과 흡사하게 국민당은 겉보기에는 풍만한 한 몸이었으나 실제로는 각지에 할거하는 군벌들이 사리사욕과 부정부패로 찌들어 흩어진 모래와 같았다. 최후에 마오쩌둥의 공산당은 대륙을 석권했으며 천하를 탈취했다.

진시황은 황제로 등극한 후 도로를 건설하고 만리장성을 연결하고 북으로는 흉노를 정벌하고 남으로는 지금의 장쑤 성과 저장 성 일대를 점거하고 베트남 북부까지 일시 진출하는 등 혁혁한 영토팽창 업적을 거두었다.

제자가 스승보다 뛰어난 '청출어람'이라 할까. 마오쩌둥은 영토확장 면에서 그의 역사적 멘토 진시황을 훨씬 능가했다. 동북으로는 한국전쟁을 기화로 소련세력을 물리쳐서 한족이 주체가 된 정권이 한 번도 점유한 적이 없었던 저 광활하고 비옥한 만주를 차지하였다. 북방의 강 가운데 조그만 섬 하나를 놓고 공산주의 종주국 소련과의 핵전쟁 일보직전까지 가는 격렬한 지상전도 불사하였다.

서남으로는 평균 해발 4900미터의 티베트를 점령하는 것도 성에 안 찼던지, 한니발과 나폴레옹이 넘은 알프스산맥보다 훨씬 더 높은 히말라야산맥을 넘어 인도 북부까지 찍어 누르는 '미친 팽창' 야욕을 마음껏, 능력껏 발산했다. 그리하여 마오쩌둥은 진시황 시절의 판도를 4배 이상 확장하는 휘황찬란한 위업을 거두었다.

끝으로 한 가지, 나의 눈조리개를 쫙 펼쳐지게 하는 사건을 톺아보기로 한다. 1974년 1월 중국이 돌연 남베트남과 전쟁 중이던 북베트남(월맹)의 서사(西沙, Paracels) 군도를 점령하여 하이난다오(海南島)로 편입시킨, 이른바 '중국의 서사군도 점령사건'이다.

이 사건 발생 2년 전에 있었던 중일수교 시에 일본 측

12-3 중국의 '영해'로 표시된 서사군도와 남사군도. 국제해양법에 저촉되며 최근 베트남 등 주변 동남아 국가들과 심각한 국제분쟁이 발생하고 있거나 분쟁이 우려되는 해역.

에서는 중국 측이 행여 돌려달라 할까 보아 노심초사하였던 센카쿠 열도를 비롯한 류큐군도와 주변 해역 문제도 대수롭지 않게 넘어갔던 마오가 아니었던가. 마오쩌둥의 대외전략 기조는 군사력을 앞세운 동서남북을 가리지 않는 전 방위적 무한 팽창주의였으나 어디까지나 산악과 평야, 사막과 고원지대 등 뭍(육지)에 국한되었다. 그런데 바다 건너 남의 나라, 그것도 같은 공산국가의 섬들까지 냉큼 집어 삼키기 시작했으니, 이는 두루뭉술하게 넘어가도 될 예사로운 사건이 아니다.

진시황을 비롯한 대부분의 황제들처럼 뭍만 무한정 탐하던 마오의 식성이 말년에 이르자 걸신들린 것처럼 '물뭍'을 가리지 않는 잡식성으로 변했는지, 나는 그 내막을 써레질하듯 살펴보았다.

아, 그런데, 키 작은 부도옹 하나가 오뚝, 무논의 찰진 흙덩이처럼 걸려드는 게 아닌가! 덩샤오핑(鄧小平, 1904~1997). 서사군도 침략의 주도자는 덩샤오핑이었다. 당시 덩은 2번째 사면 복권되어 부총리 직을 맡아 막장의 끝물에 이른 문화대혁명 정국을 잠시 장악하고 있었다. 덩샤오핑이 주도한 서사군도 침략은 후일 남사군도 침략, 센카쿠 및 류큐군도 반환 요구 등으로 이어지는, 즉 중국이 대륙확장에서 해양진출로 팽창의 방향을 돌리는 일대 전조였다.

13. 중국은 자본주의, 한국은 사회주의?
―동남방의 여의주를 입에 물다

생래적 자본주의자 중국인들이여, 우향우!

2002년쯤이던가, 주한 중국대사관의 고위외교관 L은 한 공식석상에서 이렇게 말했다.

"한국은 말로만 자본주의라지만 실제로는 사회주의 국가나 다름없고, 중국은 말로만 사회주의 국가이지만 실제로는 자본주의 노선을 향해 질주하고 있다."

중국의 고위외교관의 발언치고는 하도 거침없는 언사라서 잠시 귀를 의심했지만, 정곡을 찌르는 표현이라 아낌없는 박수를 보낸 바 있다.

중국은 길게 잡으면 덩샤오핑이 1978년 개혁개방 노선을 정립하였던 30여 년 전, 짧게 잡아도 20년 전 남순강화(1992년 덩샤오핑의 동남부 연해지역 순시) 적에, 이미 보혁 갈등, 좌우 대립 따위의 이념 논쟁을 걷어치웠다. 개혁개방과 부국강병을 위해 사회주의 독재정에서 자본주의 독재정으로 줄달음쳐 왔다. 문화대혁명 시 문자 그대로 '자본주의를 향해 치달려가는' 주자파(走資派)의 수괴로 숙청당했던 덩샤오핑. 그는 재집권하자마자 '우향우'로 내달았다.

다만 덩의 후배 최고지도층은 실사구시의 실천과정 중에 초고속성장의 페이스를 유지하며 계속 쾌속 질주해 나갈 것이냐, 아니면 내실을 기하며 착실히 점진할 것이냐 하는, 즉 속도의 완급 조절에 지혜를 모으고 있다. 즉 중국은 뒤뚱거리는 좌우의 프레임에서 돌파, 쾌속이냐 초쾌속이냐, 하는 속도의 완급 차원으로 들어선 지 이미 한 세대가 지났다.

중국말로 셩이(生意)는 인생의 의의, 즉 왜 사냐, 무엇 때문에 사느냐 따위의 심오한 형이상학적 의미가 아니다. 장사나 영업을 뜻한다. 중국인에게 삶의 뜻은 한마디로, 장사를 잘해서 잘 먹고 잘사는 현실적 이익과 쾌락을 추구하는 것이다. 지금의 중국을 한마디로 말하자면 중국 땅은 온통 시장이며 중국인은 모두 상인이다.

서구식 자본주의를 도입하여 굳게 단련되었다며 자신만만하던 우리가 간과하고 있는 것은, 중국인들이 '자본주의적인, 너무나 자본주의적인' 사람들이란 것이다. 세계 최초로 지폐와 어음, 수표를 상용하고 상업광고를 했던 이들, 이미 3천 년 전부터 세계 최초의 계산기인 주판을 만들어 주판알을 튕겨왔던 그들 앞에서 우리나라 자본주의 수십 년의 경험은 어쩌면 가소로운 것이리라.

상인종(商人種)의 나라가 사회주의 계획경제체제를 실험하였던 시기는 1949~1978년 딱 30년간뿐이었단 사실을 간과하지 말 일이다. 한마디로 덩샤오핑 개혁개방 이후 지금의 중국 땅은 온통 시장이고 중국인은 모두 상인들이며 중국 정부는 이름만 공산당 사회주의를 둘러쓴, 본질은 경제

성장 제일의 원조 자본주의 독재정이다.

개혁개방의 총설계사 덩샤오핑은 〈13-1〉에서와 같이 마오쩌둥 시대의 사회주의 독재정(D)을 자본주의 독재정(C)으로 이동시켰다. 덩샤오핑은 중국인의 잠들어 있던 본능을 일깨웠다. 그는 개혁개방의 자명종을 울려 중화민족 본성에 걸맞지 않는 사회주의계획경제 30년 긴 악몽에서 신음하던 비단장사 왕 서방, 생래적 자본주의자들을 깨어나게 했다. 그렇다면 덩샤오핑 이후 이제껏 우향우를 향해 줄달음쳐 온 중국은 앞으로 어떤 방향으로 나아갈 것인가? 중국이 꿈꾸는 미래 모델은 〈13-1〉 중에서 어느 국가군일까?

이미 30여 년 전에 자본주의 호랑이 등에 올라탄 현재의 G2 중국이 돌

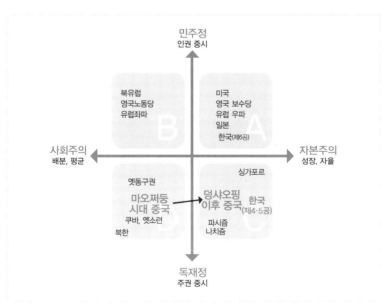

13-1 민주·독재·자본·사회주의와 중국의 방향.

연 마오쩌둥 시대의 '가난의 평등'이 보장된 구사회주의 독재정 국가군(D)으로 되돌아갈 가능성은 0에 가깝다. 미국을 위시한 자본주의 자유민주주의 국가군(A)으로 급격히 우상향할 가능성도, 북유럽의 사회민주주의 국가군(B)으로 급속히 좌상향할 가능성만큼 희박하다. 중국은 국민의 80% 이상이 중국 화교인 싱가포르*만큼 풍요로우나 통제된, 싱가포르보다 1만 5천 배 넓은, 싱가포르식 자본주의 독재정 국가군(C)을 향하여 완만한 우상향의 곡선을 그리지 않을까.

각막은 기증하고 시체는 해부한 후 화장하여 바다에 뿌려 달라

중국 개혁개방의 총설계사 덩샤오핑의 유언이다. 1997년 3월, 오색 꽃잎에 쌓인 덩의 유해는 중국 동남부 앞바다에 뿌려졌다.

덩샤오핑이 바다를 처음 만난 때는 그의 나이 15세 되던 해, 1920년이었다. 부유한 고위관료 집안에서 태어난 덕분에 그토록 어린 나이에도 프랑스로 유학을 떠날 수 있었다. (마오쩌둥에서부터 덩샤오핑, 장쩌민, 후진타오에 이르기까지 현대 중국 역대 최고지도자들은 모두 중산층 이상의 가정 출신이라는 사실에 대해 심층연구해 볼 필요가 있다고 생각한다.) 상하이에서 닻을 올린 여객선이 망망대해 인도양을 건너 수에즈운하를 거쳐 지중해를 가로질러 프랑스의 마르세이유 항에 닻을 내리는 길고 긴 해상여행에서 소년은 무엇을 꿈꾸었을까.

1922년 18세이던 덩샤오핑은 프랑스에서 중국소년공산당에 입당했다.

• 싱가포르의 주요 산업은 해운, 금융, 관광, 방위산업이다. 중국계가 주류이며 베이징 표준시를 따르는 싱가포르는 2010년 1인당 GDP 4만 3117달러로 일본을 제치고 아시아에서 개인소득 수준이 제일 높은 부자 나라로 부상하였다. 중국 정부는 현재 GDP 총액 면에서는 중국이, 1인당 GDP면에서는 싱가포르가 각각 일본을 앞질렀다는 사실을 유난히 부각시키고 있다.

그 후 모스크바의 중산대학에서 수학하고 귀국하여 1929년 광시성에서 폭동을 주도하였다. 1934년 대장정에 참가, 마오쩌둥 파의 유력한 간부가 되어 야전군의 지도자로 다양한 경력을 쌓았다.

덩샤오핑은 평생 바다를 사랑하였다. 덩샤오핑은 마오쩌둥처럼 수영을 좋아했다. 그러나 마오는 강이나 호수에서의 수영을 즐겼지만 덩은 거센 파도가 치는 바다에서의 수영, 즉 바다수영 마니아였다. 헤엄을 칠 때 마오의 시선은 딱딱한 내륙을 향해 고정되어 있는 반면, 덩의 눈길은 바다 수평선 건너편을 향하고 있었다.

3번 쓰러지고 3번 일어선 73세의 덩샤오핑이 재집권했을 당시, 전임자 마오에게 물려받은 유산은 죽의 장막에 갇힌 채 평등하지만 가난하게 살아가는, 13억 인민의 과부하에 걸린 극빈국이었다. 집권 이듬해인 1979년 1월 벽두, 덩샤오핑은 태평양을 건너 미국을 방문하였다. 집권 직후 소련을 방문하였던 마오와 대조적인 거동이다.

중국 역대 최고지도자로서는 사상 최초로 방미한 덩은 워싱턴에서 지미 카터 미 대통령과 중미 정상회담을 개최하였다. 마오 시대 중국은 봉건제국 시절 중원에 앉아서 속방으로부터 조공이나 받아오던 전통 때문인지 초청외교가 주를 이루었고 방문외교는 드문 편이었다. 덩샤오핑은 방미기간 중 "쇄국은 중국에

13-2 84세의 고령이던 1988년 바다에서 수영을 즐기며 노익장을 과시하던 덩샤오핑.

정체와 빈곤, 우둔과 낙후를 가져왔다. 쇄국정책으로는 국가 발전은 불가능하다." "바다는 우리의 장벽이 되어서는 안 된다. 태평양은 중국과 연대하여야 한다"라고 누차 강조했다.

미국 방문에서 돌아온 후 덩샤오핑은 중국을 발전시키는 데는 자본주의나 사회주의나 관계없다고 주장하며 "흰 고양이든 검은 고양이든 쥐만 잘 잡으면 된다. 남쪽 기슭이든, 북쪽 기슭이든 정상에만 오르면 된다"라는 유명한 명언을 남겼다. 원래 이 말은 그의 고향 쓰촨 지역에 널리 전해오는 속담이다. 실질적이고 실효성을 중시하는 쓰촨 지역민의 가치관을 대변해 주는 격언이기도 하다.

바다는 물이라기보다는 영토이다

덩샤오핑에게 바다는 물이라기보다는 진출할 시장이자 확보하여야 할 영토이다. 자본의 선박이 종횡무진하는 탁 트인 영토, 바다에서 덩은 경제특구, 일국양제, 외상투자기업제 등 창의적이면서 실사구시적인 정책들을 건져 올렸다.

세계적인 중국학 석학인 K. 페어뱅크 하버드대 교수마저도 "덩샤오핑의 문호개방 정책은 중국의 유구한 대륙성 전통에서 나온 것은 아니다"라고 어리둥절했다. 중국대륙의 옆구리에는 바다가 항시 있어 항해업이 잠시 발달한 시절도 있었다. 그러나 중국에는 바다가 부여한 문명이 없었다. 바다는 중국인의 문화에 별다른 영향을 미치지 않았다. 예로부터 중국인들은 좀체 바다로 나가려 하지 않았다. 설령 연해지역에 위치해 있더라도 역사상 어떤 왕국도 바다 쪽으로 발길을 떼려고 하지 않았다. 원래 바다를 두려워하는 '선천성 공해증(恐海症)'이라도 걸렸는지, 오로지 내륙의 중원을 차지하려고만 하였다.

지정학적으로 중국은 내륙적 환경을 이루고 있어 해외로의 진출은 제약을 받아왔던 곳이라서 폐쇄적인 주민생활을 영위해 왔다. 오직 공간만 있을 뿐 시간은 멈춘 대륙이었다. 이러한 지리적 환경은 중국민족으로 하여금 황하의 중하류, 즉 중원지역이 천하의 중심으로 보이게끔 하였다. 이 민족이 사방에서 포위한 피해의식 속에서 그들은 강력한 응집력과 내향성 문화의 심리구조와 전통적 가치관을 형성하여 왔다.

그런데, 불굴의 작은 거인 덩샤오핑은 돌파구를 바다에서 모색한 것이다. 바다로 향하는 것만이 중국의 개혁개방 부국강병의 유일한 활로라는 사실을 깨달았다. 그는 중국을 대륙성에서 해양성으로 전환시켰다. 반만년 대륙성 일변도 중국사에서의 코페르니쿠스적 대전환이었다.

바다는 마치 어머니가 자녀를 낳아 기르듯 자유무역을 낳아 기르는 것 같다. 비옥한 논밭과 평원은 인간을 토지에 속박시키지만 드넓고 변화무쌍한 바다는 인류로 하여금 이윤을 추구하게 하고 무역에 종사하게 한다. 외골수적 대륙지향성이라는 자폐증에다 중화사상이라는 과대망상증의 합병증을 앓아오던 중국사에서, 경제발전과 무역진흥의 씨앗을 광대무변한 바다의 전답에 최초로 파종한 자는 다름 아닌 덩샤오핑이었다.

그는 특히 동남부해안 광둥지역의 발전을 통해 내륙지역으로의 파급효과를 기대하는 선부론을 내세웠다. 산을 등지고 바다를 마주보는 자연환경은 광둥사람에게 개방과 자유를 중시하는 기풍을 함양시켰다. 일찍이 송나라 시절부터 광둥의 중심 광저우는 만국의 상인들이 끊이지 않고 출입한 대외무역항구였다.

명나라 시절에는 광둥에만 오늘의 세관격인 행(行)이 13개소나 설립되었고 청나라 때에는 중국의 대외통상항구가 되기도 했다. 대외무역과 중상전통의 기풍은 광둥사람들을 바다 쪽으로 향하게 했으며, 끊임없이 외국사람과 교역하며 살아가게 했다. 광둥은 현대 중국의 자생적 하이파이(海派, 바다와 같은 개방파)의 근거지였다. 이러한 광둥사람들은 덩샤오핑 필생의 열렬한 지지세력이기도 하였다. 그는 '성공적 사고치기'를 상상하는 가능성을 특히 동남연해와 남중국해에서 찾았다.

덩샤오핑은 사회주의 중국 동남부 바다에 5개의 자본주의 섬, 선전, 주하이, 산터우, 샤먼, 하이난 등 경제특구를 설립하였다. 개혁개방과 현대화 건설의 총설계사는 바다의 기백으로 중국대륙에 개혁개방의 거대한 물결을 일게 하여 싱싱한 활기로 되살아나게 하였다. 덩샤오핑은 바다를 등지고 누워 있던 중국을 일으켜 세워 바다를 향해 나아가도록 하였다. 검버섯 가득한 노대국의 뺨에 홍조가 돌게 만들었다. 빈곤의 어둠에 혼곤히 젖어 있던 중국 대지를 윤기 자르르 흐르는 피부로 빛나게 만들었다.

육지는 업그레이드, 바다는 무한 팽창

1984년, 용의 여의주에 비견되는 홍콩을 반환받는 중영 공동성명을 발표하는 자리에서 덩샤오핑은 이렇게 말했다.

"우리가 1997년에도, 다시 말해서 신중국이 성립되고 48년이 지나서도 홍콩을 회수하지 못했다면 중국 지도자나 정부 모두 중국 인민에게 할 말이 없을 것이다. 현 중국 정부는 청조 말엽이나 다를 바가 없고, 현 중국 지도층도 류큐군도와 대만을 일본에 할양해 준 이홍장과 무엇이 다르겠는가. 해안선을 가진 국가가 바다를 제패하지 못하고 바다에서 자유롭게 활동할 수 없다면 바다는 재화와 행복을 가져오는 것이 아니라 비탄과 고통을 가져온다."

정치·군사적 목적만으로 획득한 제해권은 온전히 유지될 수 없다. 제해권 장악의 주요 목적이 무역증진과 경제발전이어야만 오래 유지될 수 있다. 명나라 초에 취해진 금해(禁海) 정책 이후 중국의 바다는 텅 빈 곳간과 같았다. 비록 정화(鄭和)의 함대가 15세기 전반 7차에 걸친 해외원정을 실시했으나 그 원정의 주요 목적은 무역이 아니라 명나라 황제의 권위 선양이었다. 무역 이익은 전무했고 내륙농업의 가치만 소모하였을 뿐이었다. 설령 금해 정책이 없었더라도 경제적 이익의 동기가 부실한 제해권은 대가가 비싼 사치였을 뿐이었다.

"칼날의 빛을 숨기고 어둠 속에서 힘을 기르자"는 도광양회(韜光養晦)를 기치로 내걸며 마오쩌둥에 비해 비교적 온건한 대외정책을 펼쳤던 덩샤오핑은 해양영토 팽창에만은 무력침략도 마다하지 않았다. 1988년 3월, 베트남의 남사(南沙, Spratlys)군도 9개 섬을 습격, 강탈하였다.

1992년 중국 영해법으로 남중국해 전체에 대한 영유권을 선언하여 남사군도를 1974년 점령한 바 있는 서사군도와 함께 하이난 성 관할에 포함시켰다. 230여 개의 섬, 초(礁), 탄(灘)과 사주(沙柱)로 구성되어 있는 남사군도의 전체 육지면적은 작지만 그것의 해양면적은 약 80여만㎢로 중국 해양국토면적의 3분의 1에 달한다. 이는 마치 류큐군도 해역이 일본 전체 해양국토면적의 3분의 1에 해당하는 것과 흡사하다.

덩샤오핑은 중국 27개 성급 광역행정자치구에서 원래 가장 작은 하이난 성(육지면적 3.4만㎢)을, 배타적 경제수역 등 관할 해양면적 213.4만㎢를 더해 가장 큰 성으로 팽창시켰다. 마오쩌둥은 산소 결핍지역인 티베트를 무수한 피를 흘려가며 우악스럽게 점령하는 등 육지영토를 팽창시키는 데만 몰입했다. 그와 대조적으로 덩샤오핑은 육지영토는 경제발전으로서 질적 업그레이드를 기하고, 해양영토는 민첩 윤활(潤滑)하고 무단하게 팽창시켜 왔다.

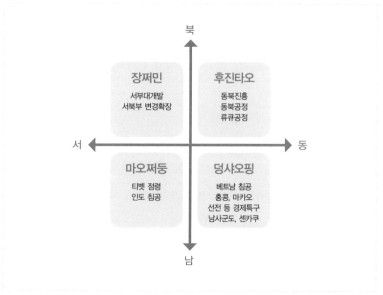

13-3 중국 세대별 팽창 방향.

14. 중국과 일본은 이미 해군기지 세웠는데 독도는 왜?

—남사군도, 태평도와 영서초

일본은 양심이 없고 한국은 대책이 없다

독도에 대해 일본은 양심이 없고 한국은 대책이 없다. 일본의 망언은 이미 망언 수준을 넘었다. 망동으로 치닫는 일본의 행태에 대다수 우리 국민들은 치 떨리는 배신감과 공분을 금치 못하고 있다. 명명백백한 대한 민국 국토를 초등학교와 중학교 교과서에 자국 영토로 표시해 놓고 가르치고 있는 데도 '아직 나는 배가 고프다'는 식인지, 최근 일본 국회의원들마저도 독도 탈환을 공언하며 울릉도를 방문한다고 한다.

그런데 이런 어이없는 일본의 행위에 더욱 어이없는 것은 우리 지도층 일부의 패배주의에 함몰된 지나친 저자세이다. 아니 이제 좀 식상하지 않은가. 수십 년간 앵무새처럼 반복해 온 '독도를 분쟁지역화 하려는 일본의 의도에 넘어가지 않아야', '조용한 외교', '(실행 없이) ○○○ 검토해야' 따위의 상투어들은 스스로 생각해도 무의미하고 민망하지 않은가. 만일 남이 자신의 사유지를 뺏으려고 할 때도 자신의 정당한 소유권에 대한 주장을 감정적 대응으로 매도하면서 주구장창 '조용한 교제'만을 읊조리고 있을까.

독도는 우리나라에서 제주도에 버금가는 큰 섬이다. 독도의 지정학적 위치와 독도 관할해역은 남한 육지 전체 면적과 맞먹는 어마어마한 크기의 대한민국 국가 부동산이다. 맞대응하지 않음으로써 분쟁지역화 하지 않겠다고 하지만, 실제로 독도는 남사군도와 센카쿠, 오키노도리와 북방 4개 도서처럼 분쟁도서(Disputed Islands)가 된 지 이미 오래이다. 국내절차법과 달리, 설사 일본이 독도 영유를 주장하며 국제사법재판소에 제소하더라도 한국이 응소만 하지 않으면 소송이 진행될 수 없는 것이 일반적인 국제절차법 원칙이다.

어떤 땅을 자국의 영토로 주장하기 위해서는 현재 국제법상으로는 선점이론이 적용된다. 선점이론은 해당 지역을 점유의 의사를 갖고 먼저 실효적으로 지배하는 나라가 그 땅의 영유권을 갖는다는 이론이다. 즉 국제법상으로도 사실상으로도 '실효적 지배'만 확실히 유지, 강화하면 영유권의 주체가 교체되는 사태는 발생하지 않는다.

독도에 대해 갈수록 도를 더하고 있는 일본의 망언과 망동에 대해 몇십 년 케케묵은 레퍼토리로 끌고 나가면, 즉 당연한 우리 땅 독도인데 일본 정부에 강력한 항의나 실효적 지배 강화 조치 없이 미지근한 '당부(부탁)'만 하다 보면, 자칫 국제법상 '묵시적 승인'으로 간주될 수 있는 위험성도 없지 않다.

따라서 나는 지금 물과 뭍을 가리지 않고 세력을 확장하고 있는 중국

섬(島), 바위섬	실효적 점유국	분쟁 제기국가	원래 만조 시 면적, 대소형태 비교	현재의 형태, 실효적 지배 강화책	실효적 지배 최고 공로자
독도	한국	일본	0.188㎢. 오키노도리보다 18,800배 큰 섬	군사기지 설치계획 없음	이승만
영서초	중국	베트남	3.6㎡. 남사군도 내의 1평 남짓한 바위섬	해군기지 건설 완료 운용 중	덩샤오핑
태평도	중국	베트남	0.443㎢. 남사군도 중 최대 섬, 독도의 2.3배	군용공항 건설 완료 운용 중	덩샤오핑
센카쿠	일본	중국	6.3㎢. 류큐군도에 속함	군함 입출항 부두설치 완료 해상자위대 호위함대 배치	사토 가꾸에이
오키노도리	일본	중국	10㎡. 더블베드 크기의 바위섬	42만㎢ EEZ 선포, 헬기탑승장 건설, 군용기 활주로 건설 예정	나까소네 야스히로

14-1 한-중-일 분쟁도서 실효적 지배 관련 조치 일람표.

과 전통적인 해양 식탐(食貪) 국가 일본이 그들 분쟁도서의 실효적 지배를 누가 언제 어디서 어떠한 조치를 감행하는지 비교분석해 보고자 한다. 단 일본의 센카쿠와 오키노도리의 실효적 지배 책략과 그 실천에 대해서는 비교적 잘 알려져 있고 또 앞에서 상당 부분을 할애하여 다룬 바 있기에 생략하기로 하고 최근 중국과 베트남 간의 영토분쟁이 백열화되고 있는 남사군도를 살펴보겠다.

개혁개방과 경제건설가의 이미지에 가려 잘 보이지 않아서 그렇지, 덩샤오핑을 다른 각도로 뒤집어 보면, 그는 매우 능란한 지능적 팽창주의자였다. 설산과 사막지대와 같은 별 쓸모없는 육지영토 확장에 광분하여 세계적 호전광으로 비난의 십자포화를 한 몸에 받은 마오쩌둥과 달리 덩샤오핑은 돈맛이 쏠쏠한 해상영토의 확장에의 은근한 탐닉을 즐겼다.

독도 2배 크기 섬에 군용공항을 건설

1974년 1월 서사군도의 무력점령을 주도한 덩샤오핑은 그의 정책 노선이 쾌속의 탄력이 붙은 1987년 말에서 1988년 3월까지 중국 해군으로 하여금 영서초(永署礁, Fiery Cross Reef), 태평도(太平島, Itu Aba), 적과초(赤瓜礁, Johnson Reef), 증모암사(曾母暗沙, James Shoal) 등 남사군도의 9개의 섬과 바위섬(顯礁, 드러난 암초)을 기습 공격하게 하였다.

남사군도 해전에서 중국 측은 함정 3척 손상, 사망 6명, 부상 18명의 비교적 가벼운 희생으로 군함 1척 격침, 4척 파손, 사살 60여 명, 소령 1명 포함 40여 명의 베트남 해군을 생포하는 전과를 거두었다. 이 해전은 덩샤오핑이 집권한 이듬해인 1979년에 북부베트남을 침공했다가 사실상의 참패를 당한 치욕에 대한 복수전이라고 할 수 있다. 덩은 오히려 베트남 전체 육지면적보다 광활한 해양영토를 획득하는 데 성공했다.

그러나 유엔해양법에 따르면 인공적으로 형성된 지형물은 섬이 아니며, 만조 때 수면 위로 드러나지 않는 것도 섬이 아니라고 규정하고 있다. 그런데 남사군도에서 중국 해군은 섬이 아닌 바위섬(현초)까지 점령하고, 이곳 전역에 인공적인 시설을 설치, 운영하면서 자국의 영유권을 주장하고

14-2 독도 면적의 약 2.3배 넓이인 태평도 전경(왼쪽). 태평도에 건설한 군용공항 활주로를 이륙하고 있는 중국 공군기(오른쪽).

있다. 중국은 남사군도의 거의 모든 섬과 바위섬에다 오성홍기를 게양하고 등대를 건설하였다.

태평도와 영서초 등 6개 섬에는 해군을 상시 주둔시키고 있는데 특히 남사군도 최대 섬인 태평도에는 군용공항을 건설하여 남중국해의 제공권을 확보하였다. 독도 면적의 2.3배가량인 태평도(0.443㎢)는 원래 야자수와 각종 열대수가 우거진 작은 섬이었는데 점령 이후 중국은 해군기지와 군용공항을 건설하였다. 현재 태평도 해군기지에는 구축함 제162호와 고속초계정 제443호 등을 위시한 수 척의 중국함대가 들락거리고 있다.

1평 바위섬을 해군기지로 만든 중국

영서초 하나만 더 살펴보자. 영서초는 원래 도저히 섬이라고 부를 수 없는, 총면적이 만조 시 1평 남짓한 3.6㎡에 불과하다. 단 한 사람이 바다낚시를 제대로 할 수 없을 정도의 초미니 바위섬을 중국은 몇 년 만에 완전한 해군기지로 탈바꿈시켰다.

영서초는 북위 9도 37분, 동경 112도 58분에 위치하며, 중국대륙으로부터 약 740해리, 하이난다오로부터 약 560해리, 홍콩에서 싱가포르까지의

14-3 영서초 만조 시에 드러난 1평 남짓한 바위 부분에 표지석을 세웠다(왼쪽). 400여 명의 중국 해군이 진주하고 있다(오른쪽).

남중국해 중앙항선으로부터 250해리 떨어져 있다. 만조 시 남서쪽 끝단에 3.6㎡가량이 수면에 돌출되고 나머지는 수중에 잠기는 간출지에 해당하는 바위섬이었다.

1988년 2월 중국은 군사작전을 통해 베트남으로부터 이 바위섬을 탈취, 인공섬 및 헬리콥터 착륙장, 보급기지 등을 건설하고 4000톤급 선박이 접안할 수 있는 300m 길이의 부두시설까지 갖추었다. 그 후 중국은 해양관측기지를 건설하고 최첨단 장비를 비치해서 해양자료를 수집, 인근을 항행하는 항공기와 선박들에게 기상관측 정보 등을 제공하고 있다. 최근 4세트의 소형위성 접안시설과 인터넷통신설비를 추가로 설치하여 400여 명의 해군병사들의 문화학습과 여가생활을 개선하였다고 발표했다.

지금 중국 중학교 1학년 과정의 역사 및 사회 교과서와 영해법 등 관련 법규에는 중국의 최대 성(省)은 하이난다오로, 남사군도 전체를 중국 영토로, 영토의 최남단을 남사군도 증모암사로 명기하고 있다.

남사군도 분쟁에 대한 중국의 해상전략은 계속 시설물을 설치하여 실효적 지배를 강화하는 적극적인 입장을 취하고 이들 바위섬들에 대한 영유권을 정당화하는 것이다. 중국이 이처럼 도서분쟁에서 시설물, 특히 군사기지를 설치하는(이 점은 일본도 마찬가지다) 등 실효적 지배를 강화하는 공격적 전략을 취하는 주요 목적은 두 가지로 분석된다.

첫째, 중화주의적 팽창주의의 연장선상에서 동아시아 해상의 지배권을 차지하는 데 있다.

둘째, 전철을 밟지 않으려는 것이다. 19세기 말 일본의 류큐병탄에 대한 무대응 지연책으로 결국은 국제법상으로도 묵시적 승인으로 간주되어 태평양 출구봉쇄와 광대한 류큐 해역 상실이라는 치명적 패착을 다시는 저지르지 않으려는 인식 개선이라 할 수 있다.

요컨대, 과거 중국의 류큐군도에 대한 영향력 상실, 현재 중국의 남사군도에 대한 영유권 확보와 관련한 자기반성적 책략과 과감하게 결정짓고 단호하게 나가는 추진력은 대한민국의 독도에 대한 실효적 지배 강화에도 참조할 만한 가치가 있다고 평가한다.

15. 천안문 시위 주역 "서울항쟁 따라했다" 고백

1989년 6월 4일 새벽, 수십 대의 탱크와 장갑차들이 천안문(텐안먼) 광장으로 밀어닥쳤다. 수많은 학생들이 그대로 깔려 죽었다. 탱크와 장갑차들은 도망가는 학생들을 끝까지 추적하여 몸을 납작하게 짓이겼다. 삽시간에 천안문 광장은 피와 살점으로 짓뭉개진 광장으로 변해버렸다. 군인들은 형체를 알 수 없이 눌어붙은 시체들을 삽으로 퍼서 큰 비닐 팩에 담았다. 광장 한 모퉁이에 산더미처럼 쌓여진 비닐 팩들은 불에 태워졌다.

이는 내가, 천안문사태 시에 3대 학생운동지도자 중의 하나였던 우얼카이시[吾爾開希, 1968년생, 2010년 노벨평화상 수상자인 류샤오보(劉曉波)의 제자에게서 직접 들은 증언이다.

1991년 6월 초, 대만의 국립정치대학은 프랑스를 거쳐 미국으로 망명하여 하버드대학에 재학 중이던 우얼카이시를 초청, 강연회를 개최한 바 있다. 시원시원한 어조에다 막힘없는 달변의 강연이 끝나고 자유토론시간이 되었다. 당시 약관 23세의 나이에 '민주중국전선(망명정부) 부주석'이라는 어마어마한 직함을 겸하고 있던 우얼카이시와 그런 그의 처참하고 생생한 현장 목격담에 반쯤 주눅이 들고 반쯤 비위가 상한 나는 짧고 메마른 질문을 '툭' 하나 던졌다.

"그대는 한국을 어떻게 보는가?"

"89년 6월 베이징의 천안문 학생운동의 모델은 바로 87년 6월 서울의 학생운동(6월 민주화항쟁)이었다. 87년 6월 중국중앙방송(CCTV)은 서울 시민의 시위를 거의 하루도 빠짐없이 마치 현장중계하듯 보도하였다. TV 화면에 비친 활기찬 서울의 사람들과 거리의 모습은 한마디로 충격이었다. 미국 제국주의 지배하에 있는, 작고 가난한 나라인 줄로만 알았던 한국이 저토록 자유롭고 풍요롭고 배울 것이 많은 나라라는 것을 명확히 깨닫는 계기가 되었다."

탁! 전혀 예기치 못한 그의 답변은 얼음 조각이 되어 내 이마에 차갑게 꼽혔다. 89년 베이징 천안문 학생운동의 모델이 87년 서울의 민주화항쟁이라니……. 나는 앞이마를 매만지며 몇 가지 질문을 추가했다.

"천안문 학생운동의 실패 원인은 무엇이라 생각되는가?"

"천안문 학생운동은 전체를 통수할 만한 투쟁경력과 지도역량을 갖춘 지도자도, 일사불란한 명령체계를 갖춘 조직도 없었으며 우리가 내세운 민주와 자유는 그것이 뭣에 쓰는 물건인지도 모르는 대다수 중국의 시민들에게는 먹혀들어 갈 리 없었다."

"일반 중국인들에게 한국은 어떤 모습으로 비춰지고 있는가? 한국과 소련은 수교가 되었는데 한국과 중국은 아직 수교가 되지 않고 있는(1991년 당시) 까닭은 뭐라고 생각하는가?"

"나를 포함한 중국대륙의 보통 사람들은 소학교 시절부터 세계에는 중국과 상종 못할 세 나라가 있는데, 그 나라는 바로 한국, 이스라엘, 남아프리카공화국이라고 배워왔다. 한국은 마오쩌둥 주석의 장남을 비롯하여 90여만 명의 사상자를 낸 중국에 갚아야 할 피의 부채가 많은 나라로, 이스라엘은 자본주의의 흡혈귀 같은 유대인의 본향인 데다 주변의 아랍국들을 괴롭히는 나라로, 남아프리카공화국은 흑백인종차별이 극심한, 백인 그들만의 나라로 교육받아 왔다. 한-중 수교가 한-소 수교보다 늦는 까닭은 이런 교육환경과 역사적 배경, 즉 한국과 중국이 서로 피를 흘리고 싸웠던 경력 때문이라고 생각한다."

1989년 4월 15일 공산당 개혁파의 핵심이었다가 실각한 후야오방(胡耀邦)이 죽자 학생들이 천안문 광장에 모여들었다. 학생들은 덩샤오핑이 자본주의를 도입해 중국식 사회주의를 추진한 이래 관료들과 특권층이 부를 독점하고 있다고 비판하고 정부에 자유민주적 정치개혁을 요구했다. 학생들이 천안문 광장에서 시위를 벌이자 노동자와 일반 시민이 가세했고 저항운동 세력은 일파만파로 커졌다.

21일, 우얼카이시는 베이징사범대학학생자치회와 베이징임시학생연맹을 창립했다. 다음 날, 베이징사범대학에서 개최된 출정대회에는 6만여 학생들이 운집하였다. 23일, 그는 십만여 명의 학생들을 이끌고 천안문 광장으로 나와 후야오방 전 총서기 추도식장이 마련된 인민대회당 밖에서 자리를 잡은 후 농성을 시작하였다.

4월 24일, 우얼카이시는 왕단(王丹, 6월 4일 직후 체포되어 10년 복역한 후 미국으로 건너가 하버드대 박사학위 취득, 현재 대만국립정치대 교수), 차이링(柴玲, 여성, 강경파, 프랑스로 망명, 낙태반대운동가로 활동 중)과 함께 베이징임시학생연맹을 '베이징대학자치연합회'로 개명하고 그 약칭을 '대자련(大自聯)'으로 정하였다.

우얼카이시는 대자련의 주석으로 선출되었다. 그때부터 우얼카이시는 차이링, 왕단과 함께 천안문 학생운동의 3대 영수로 불리게 되었다. 5월 초 중국 정부당국이 학생대표들과의 대화의 장을 마련했을 때 우얼카이시는 일반 학생의 신분으로 참여하려고 하였으나 회의장에서 당국에 의해 저지당했다. 5월 13일 우얼카이시는 왕단 등 6명과 단식을 결의하고 무기한 단식투쟁에 들어갔다.

5월 15~18일 구소련의 미하일 고르바초프 대통령이 중국을 방문했고 중-소 정상회담을 취재하러 온 세계 각국의 취재진은 천안문 광장의 항쟁을 목격하게 되었다. 고르바초프가 소련으로 귀국하던 날인 18일 저녁, 환자복 차림의 우얼카이시와 리펑(李鵬) 당시 국무원 총리와 나눈 대화가 중국 중앙방송 CCTV에 방송되어 큰 파문이 일었다.

리펑 총리의 훈계조의 발언이 끝없이 계속되자 젊고 잘생긴 위구르족 학생 하나가 갑자기 TV 화면 속으로 쑥 들어왔다. 우얼카이시였다. 그는 큰 소리로 리펑의 말허리를 자르며 외쳤다.

"총리, 당신의 발언을 중도에 끊고 나선 나의 행위가 대단히 무례한 짓이라는 것을 잘 알고 있다. 그러나 우리는 여기에서 편안히 앉아 있는데 밖에서는 학생들이 굶주리고 있다. 미안하지만 당신의 별 의미 없는 미사여구를 끊어버려야겠다. 우리는 구체적인 문제를 토론하기 위하여 이곳에 나와 앉아 있는 것이다."

그때 누군가 버릇없는 짓 그만두라고 소리치자 우얼카이시는 잠시 그쪽을 바라보다 계속 말을 이었다.

"총리, 당신이 교통체증 때문에 이 자리에 늦게 나왔다고 말했는데 우리는 4월 22일부터 당신과 대화하고 싶어서 무작정 기다리고 있었다. 문제는 교통체증이 아니라 총리가 여기에 너무 늦게 나온 것이다. 하지만 총리가 여기까지 나와서 우리 학생들과 대화를 할 수 있는 것만 해도 이 얼마나 희한하고 고마운 일인가."

우얼카이시는 수십만 시위 군중의 최전선에 서서 고르바초프 취재차 왔던 외신들의 발길들을 붙들어 매놓고 CNN, BBC 등 세계 유명 언론매체의 스포트라이트를 한 몸에 받았다.

89 학생운동이 반환점을 돌아 후반부에 들어설 무렵 우얼카이시와 왕단은 온건파로 돌아섰다. 고르바초프 소련 대통령의 베이징 방문기간 중에 우얼카이시는 학생들을 잠시 천안문 광장에서 철수시켜 정부가 거행하는 외교 의전장소로 사용하는 데 불편함이 없도록 함으로써 학생 측의 애국적 입장을 표출하자고 주장하였다. 그는 또 6·4 천안문 그 비극적 사태가 발생하기 사나흘 전부터 예감이 좋지 않았는지, 아니면 믿을 만한 소식통으로부터 모종의 정보를 받았는지, 아무튼 그는 천안문 광장에서의 전격 철수를 주장하기 시작하였다.

그러나 중국판 잔 다르크 차이링은 "천안문이 피로 물들어야 중국 민중은 눈을 뜰 것"이라고 말하며 끝까지 광장파로 남을 것을 고집하였다. 20여 년이 지난 오늘날까지 우얼카이시는 토론과 타협의 민주주의 경험이 없었던 강경파 차이링의 과격한 노선을 애통해 하고 있다.

천안문 광장의 대학살 이후, 21명의 폭동내란 지명수배자 명단 중 서열 2위에 오른 우얼카이시는 홍콩으로 탈출하는 데 성공하였다. 그는 다시 프랑스로, 또다시 미국으로 건너가 하버드대학에서 공부하였으며 대만 여성을 만나 결혼하였다.

대만 중부의 타이중(臺中) 시에 정착한 그는 TV 방송국의 정치평론가, IT사업 등에 종사하면서 기나긴 망명의 세월을 보내고 있다. 작년 12월 초, 우얼카이시는 국가권력 전복 선동죄로 징역 11년을 선고받고 랴오닝 성 감옥에서 수감생활 중인 그의 스승 류샤오보의 노벨평화상 수상식에 대리 참석하려고 했으나 중국 당국의 방해로 뜻을 이루지 못한 바 있다.

• 참고자료
http://en.wikipedia.org/wiki/Wu%27erkaixi Tiananmen student leader on revolutionhttp: //ireport.cnn.com/docs/DOC-562967?hpt=C2

16. 상하이방, 해군력 강화에 몰입하다

상하이는 '바다로 나가자'는 뜻이다

아시아 대륙의 최장 민물줄기 장강(양쯔강)이 지구의 육지를 풍덩 다 집어넣어도 남을 만큼 가없이 드넓은 바다 태평양을 향해 행진하다 점차 짠 해수로 농도가 짙어가는 '델타 황금 삼각주', 거기쯤이 바로 오랜 잠에서 깨어난 21세기 중국인의 꿈과 야망이 불꽃놀이를 하는 곳, 이름하여 상하이(上海)라는 도시이다.

중국 제1의 경제·무역·금융도시 상하이 도심은 빌딩 바다, 상하이 교외 동쪽 끝은 동중국해와 태평양, 교외 남서북 장쑤 성과 저장 성 동북부는 가도 가도 끝없는 우리나라 김제평야와 만경들 수백 개 수천 개를 합쳐놓은 듯한 초록 바다이다.

그런데 상하이는 어찌하여 상하이라고 부르게 되었을까? 혹시 바다가 위에 위치하고 있다고 해서 상하이라 하지 않았을까? 하지만 전설의 해저 도시 아틀란티스 말고 이 세상에 바다 아래 있는 도시가 어디 있겠는가.

중국말로 '차를 타자'는 말이 '상처'(上車)다. 상하이의 '상'(上)은 동사이고 '하이'(海)는 명사다. 즉 상하이는 '바다로 나가자'는 뜻이다. 바다로 나가자, 이 얼마나 진취적이고 개방적인 도시 이름인가! 바다로 나가서 장사하겠다는 말은 지난 150여 년 동안 상하이의 인근 지역인 장쑤 성의 난징, 양저우(장쩌민과 후진타오의 고향), 저장 성의 항저우와 닝보 등지에서 성행했다.

뿐만 아니라 멀리 영국의 런던과 미국의 뉴욕 등 세계 각지에서도 유행했다. 당시 세계에서 유일한 무비자 여행 도시였던 상하이는 모든 사람들이 상하이에서 창업하는 것을 장려했고 이곳으로 몰리는 사람들의 과거와 현재의 피부색과 내면의 컬러를 묻지 않았다.

20세기 후반, 덩샤오핑 역시 컬러를 묻지 않았다. 아니 컬러 구별을 지극히 혐오하였다. 덩샤오핑은 검은 고양이나 흰 고양이나 쥐만 잘 잡으면 좋은 고양이니, 자본주의니 사회주의니 허튼 색깔놀음에 빠지지 말고 실사구시 정신으로 경제 발전에 일로매진하자고 외쳤다. 권좌에서 물러난 직후 그는 이렇게 말했다.

"개혁개방의 신호탄을 광둥 선전이 아니라 상하이 푸동(浦東)에서 쏘아 올려야 했다. 중국의 미래는 상하이에 달려 있고 상하이의 미래는 푸동에 달려 있다."

이러한 덩샤오핑의 술회와 기대는 마치 바둑대국에서 불계승을 거두지 못한 승자의 복기를 연상케 한다. 그가 이토록 안타까워하고 편애한 상하이 푸동은 어디인가? 푸동은 중국 경제 제1의 도시, 상하이 시내를 가로지르는 황푸(黃浦) 강 동쪽 땅을 말한다. 서울의 강남인 셈이다.

상하이방은 바다로 나갔다

덩샤오핑은 1989년 천안문 사태를 진압한 후 이를 은밀히 지지했던 자오즈양을 숙청했다. 당시 상하이 제1인자 당서기를 맡고 있던 상하이방(上海帮)의 거두 장쩌민을 그의 마지막 후계자로 지명, 중앙당총서기로 등극시켰다.

세세대대로 윤택한 도시 양저우의 자본가 가문 출신인 장쩌민은 상하이 시장과 상하이 당서기 시절 같이 일했던 인물들을 대거 베이징으로 끌어들였다. 경제 부총리를 거쳐 국무원 총리를 지낸 주룽지도 상하이 시장을 지낸 사람이다. 이들 상하이방은 아직도 막강한 파워를 보유하고 있는 중국 정치의 실세이다.

현재 중국 최고지도층 9인의 정치국 상무위원 중 권력서열 2위 우방궈, 4위 자칭린, 5위 리창춘, 9위 저우융캉 등 4명은 상하이방 직계로, 1위 후진타오와 7위 리커창도 범(凡)상하이방으로 분류되고 있다. 그들이 태자당과 손을 잡고 시진핑(習近平, 1953년생, 전 상하이 당서기, 칭화대학 법학박사)을 차기 후계자로 지명한 것도 동방불패 상하이방의 저력을 보여주는 단면이라고 할 수 있겠다. 한마디로 상하이방은 정치 이념보다는 경제 건설에 중점을 두고 중국 전체를 상하이처럼 만들겠다는 계획을 추진해 왔다.

상하이방은 상하이를 용의 머리, 장강(양쯔강)을 용의 몸에 비유하였다. 과감한 개혁개방 정책으로 용의 머리를 자극하고, 그 힘이 용의 몸통, 장강을 통해 꼬리인 중서부 내륙까지 미치게 하자는 것이다. 그들은 거짓말처럼 상하이를 중국을 움직이는 용두마로, 푸동을 상하이를 이끄는 용의 눈으로 변신시켰다.

장쩌민 시대가 정식으로 개막된 1993년, 상하이방은 대외개방에 대한 인식을 동남연해의 광둥의 실험실 차원에서 실제적 차원으로 전환했다. 상하이를 경제·무역·금융 중심지로 건설하여 장강 델타(삼각주)와 장강 전 유역에 걸쳐 지역경제의 발전을 촉진한다는 계획을 제시했다. 장쩌민 정부는 상하이 및 장강 델타 지역을 화살촉으로, 연해지역을 활로, 장강을 화살로 비유했다. 1980년대는 연해지역의 활을 지속적으로 확장시킨 시기였고, 1990년대는 화살촉을 날카롭게 연마하는 시기로, 다시 2010년까지는 화살을 쏘아야 할 기간으로 설정했다(아래 그림 참조). 그리고 지금 그들의 꿈은 기적처럼 실현되고 있다.

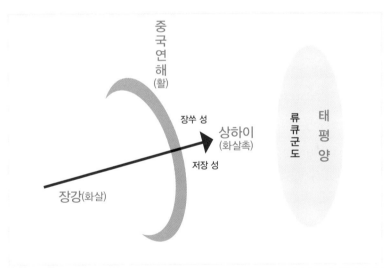

16-1 상하이방은 개혁개방 정책으로 용의 머리(상하이)를 자극하고, 그 힘이 몸통(장강)을 통해 내륙까지 미치게 한다는 경제발전계획을 상당 부분 실현하였다.

동쪽 하늘은 맑으나 서쪽 하늘에서는 비가 내리네

중국의 번화한 동부 연해지역과 낙후되어 있는 서부 내륙지역 간의 격차를 단적으로 표현하는 구절이다. 빛이 밝으면 그림자도 짙은 법인가. 덩샤오핑의 동남지역을 우선 배부르게 하자는 선부론은 극심한 지역격차를 유발하였다. 덩샤오핑의 경제발전 일변도 정책은 원가를 고려하지 않고 동서 간의 엄청난 양극화를 초래하여 심각한 사회적 불안요인이 되었다.

앞에서 여러 번 언급한 대로 장쩌민은 지역균형발전의 신균부론에 입각해 이른바 '서부대개발'을 내세웠다. 낙후한 소수민족 밀집지역인 서북지역의 개발과 국경지대에 초점을 맞추자는 주장이었다. 그러나 엄밀히 말해 서부대개발은 순전한 '국내용 낚시성 구호'였다. 21세기형 동부해안의 눈부신 번영에 대한, 19세기형 원시 유목민사회에 머물러 있는 서부지역민의 불만을 잠재우기 위한 것이었다.

중국의 서부는 미국의 서부가 아니다. 중국의 서부는 젖과 꿀이 흐르는 미국의 캘리포니아 주나 워싱턴 주가 아니다. 주로 설산지대와 사막 등으로 구성된 신장위구르와 시장(티베트) 등 중국의 서부는 인류 생존 부적합 지역이 대부분이다. 중국 서부는 미국 서부처럼 태평양이라는 지구 최대의 광장과 접하지 않았다. 중국 서부는 출구가 없는 꽉 막힌 벽이다. 그런데 이러한 국내 불만 무마용 구호에 지나지 않는 '서부대개발'에 혹해, 우리 기업들을 향해 중국 서부로의 투자진출을 장려했던 적지 않은 수의 한국의 '중국 전문가'들의 글과 말을 접할 때마다 나의 뇌리에는 이상(李箱)의 시 〈오감도(烏瞰圖)〉가 생뚱맞게 떠올랐다.

13인의 아해(兒孩)가 도로로 질주하오 / (길은 막다른 골목이 적당하오)

제1의 아해가 무섭다고 그리오 / 제2의 아해도 무섭다고 그리오

(하략)

명(名) 따로 실(實) 따로

중국에서는 명실상부가 드물다. 중국은 '명(名) 따로 실(實) 따로' 공화국이다. 좌회전 깜박이 등을 켜놓고도 아무런 거리낌 없이 우회전하는 게, 사회주의를 내걸고는 자본주의로 질주하는 게, 제1인자보다 제2인자가, 막전의 리더보다 막후의 실세가 판을 쳐온 게 중국이다. 장쩌민의 행적과 전략을 종합분석해 보면 더욱 그렇다.

그의 행태를 한마디로 표현할 수 있는 고사성어를 찾기 어렵지만, 가장 유사한 것을 들라면 성동격서(聲東擊西)라 할 수 있다. 동쪽에서 소리를 내고 서쪽에서 적을 친다는 뜻으로, 동쪽을 치는 듯이 하면서 서쪽을 치는 병법의 하나로서 상대를 기만하여 공격함을 비유하는 말이다. 하지만 성동격서가 아닌, '성서격동(聲西擊東)'이라고 할까, 장쩌민을 비롯한 상하이방은 서부내륙을 개발하자며 소리쳤으나 실제로는 동부해안으로 줄곧 진출하였다.

약 14~15년간 집권하였던 장쩌민의 최대 업적은 뭐니 뭐니 해도 15년 연속 9% 이상이라는 경이적인 경제성장률을 달성하고 매년 평균 15% 이상의 총수출액 성장률을 기록한 것과 중국의 세계무역기구(WTO) 가입을 성공시킨 것이다. 특히 집권 첫해인 1989년에는 총 무역액 1168억 달러, 세계 23위의 마이너리그 무역 중소국이던 중국을 후진타오에게 넘겨준 2003년 총 무역액은 8512억 달러, 세계 4위의 메이저급 무역대국으로 업그레이드 시킨 것이다. 2010년 말 현재, 중국은 대외무역액, 외환보유고,

외자유치액 세계 1위의 3관왕을 달성하였고 국내총생산과 국민총소득은 일본을 제치고 세계 2위를 차지하였다. 명실상부한 경제통상대국이 되었다.

중국 군함, 태평양을 건넜다

이러한 휘황찬란한 무역증진과 경제발전을 보장하기 위해서 상하이방이 궁리하고 추진한 구체적 행동을 두 가지만 들면 다음과 같다. 첫째, 국제경제법과 국제해양법을 열심히 공부한 것이고, 둘째, 중국 전역에 31개의 해군기지(군항)를 신설하거나 리모델링하여 해군력을 증강시킨 것이다.

우선, 장쩌민을 위시한 정치국 상무위원 9인은 상하이 화동정법대학 국제경제법 교수인 차오젠밍(曹建明)을 비롯한 저명 국제법 교수들을 매주 월요일 아침마다 베이징 중난하이(중국의 청와대 격)로 초빙하여 90분간 국제경제법과 국제해양법에 대한 강의를 수강하는 것으로 한 주의 업무를 시작했다. 국제경제법은 WTO 가입을 준비하기 위한 것이고 국제해양법은 제해권 확보를 위한 것이었다. 이러한 공로로 차오젠밍은 2011년 현재, 중국 최고인민검찰원 검찰장(한국의 검찰총장격)으로 재직 중이다.

장쩌민은 1992년 영해 및 접속수역법에 1996년에는 배타적 경제수역 및 대륙붕법에 서명하고 시행하였다. (일본도 1996년 배타적 경제수역 및 대륙붕에 관한 법을 제정하였다. 반면 우리나라는 배타적 경제수역법만 제정하고 대륙붕에 관한 별도의 법을 두고 있지 않다. 이 때문에 앞으로 한-중-일 당사자 간 협상 시 7광구와 같은 배타적 경제수역 이외의 대륙붕에 대해 우리의 권리를 주장할 국내법적 근거가 취약한 실정이다. 입법적 보완이 시급하다.)

한편 장쩌민은 북해(발해와 서해)에 7개
소, 동해(동중국해, 제주도 이어도 해역, 류
큐 해역, 대만 해협)에 8개소, 남해(남중국
해)에 16개소 등 전국 총 31개소에 중대형
해군기지를 신설하거나 보강하여 해군력
강화에 심혈을 기울였다(〈16-2〉 참조).

16-2 중국의 중대형 해군기지
(군함) 위치도.

'파천황적 사례' 두 가지만 들고자 한다.

1995년 10월 19일, 왕과 황제, 총통과 주
석에 이르기까지 반만년 대륙성 노대국의
국가원수들이 단 한 번도 하지 못했던 일이
벌어졌다. 총서기 겸 국가주석 겸 군사위 주석 장쩌민이 황해 해상에서
대규모 관함식을 거행하였던 것이다. 관함식이라는 국가 최고통치자가 군
함의 전투태세와 장병의 군기를 검열하는 해상 사열식이다.

순양함, 유도미사일 구축함, 헬리콥터구축함, 미사일 호위함, 초계함, 대
형수송함, 고속정, 고속전차상륙함, 상륙지원정, 미사일 핵잠수함, 재래형
디젤 잠수함, 기뢰함 등등 항공모함 하나만 빼고 거의 모든 유형의 군함
들이 바다의 무대 위에 출현하였다. 핵잠수함을 포함한 절대 다수의 각종
군함들은 중국 자체 기술로만 개발한 것이다. 최신예 전투기와 전폭기, 헬
리콥터, 군사형 해상선박위그선 등도 찬조 출연하였다. (2010년 현재 중국
해군은 25만 5천명, 구축함 26척, 프리깃함 52척, 상륙함 60척, 디젤잠수함
62척, 핵잠수함 8척을 보유한 것을 알려져 있다.) 이날 중국인민해방군 해
군의 대공사격과 대함사격 능력 등을 선보이는 시범사격이 진행됐다.

그날, 중국 역사상 미증유의 관함식에서 장쩌민은 이렇게 강조했다. "해

양의 개발과 이용은 중국의 안전과 발전에 갈수록 중요한 의의를 가진다. 중국은 반드시 해양을 전략적으로 인식하고 전 인민들의 해양의식을 증강해야 한다."

1997년 2월 20일은 덩샤오핑이 사망한 다음 날이다. 그 날 중국 정부는 미사일구축함과 종합보급선 등으로 구성된 대규모 중국함대가 태평양을 횡단하였다고 발표하였다. 오성홍기를 게양한 군함들이 하와이 진주만과 미국 본토의 샌디에고 군항에 입항하여 각종 전술 훈련에 동참하였고 연이어 멕시코, 페루, 칠레의 중남미 3개국의 주요 항구에 정박하였다는 소식이 이어졌다. 구대륙의 전통적 대륙성 국가, 중국의 해군 함대가 태평양을 건너 신대륙의 군항에 입항하였다니, 이 역시 파천황적 일대 사건이다.

17. 제주해군기지 건설 서둘러야

　제주해군기지 건설을 둘러싸고 정부와 여야, 현지 주민과 외부단체 간에 찬반논란이 격렬하다. 이 문제와 관련한 언론기사를 훑어보았더니 해군기지 반대론자들의 반대 이유는 크게 두 가지로 정리할 수 있다. 첫째, 해군기지 건설로 인하여 환경파괴가 우려되기 때문이다. 둘째, 중국이나 일본 등 주변국의 자극을 불러올 수 있기 때문이라고 한다.

　해군기지가 환경파괴를 의미하는 것은 아니다. 멀리 갈 필요도 없이 우리나라의 진해를 보아라. 깨끗하고 아름다운 도시의 하나로 손꼽히고 있지 않은가. 중국의 하이난다오(海南島)에도 해군기지가 4군데나 있으나 중국 27개 성 중에서 가장 생태계가 잘 보존되어 있다고 평가받으며 중국 최대의 관광휴양단지로 각광받고 있다.

　제주해군기지 건설은 남한 육지 전체 면적보다 넓은 제주도 및 이어도 남쪽 해역을 방어하기 위한 최소한의 조건이다. 우리나라의 수출입 물량의 90% 이상이 제주 남방 해역 항로를 이용한다. 이어도 등에서 중국 등 주변국과 해양분쟁이 일어날 경우에 대비해야 한다.

주변국의 자극을 우려하여 해군기지를 반대하는 것은 현실을 등한시한 배부른 소리이다. 안보 영역에서는 평화를 위한답시고 자국의 생존위협을 희생하면서까지 타국의 탐욕을 배려할 가치도 없고 이유도 없다. 기지 건설 반대론자 일각에서 우려하는 부분과는 달리, 제주도 해군기지 건설은 미국에 대한 군사적 의존도를 줄이려는 노력이지 미국을 위한 노력이 아니다.

이미 정치 및 군사력을 제외한 경제무역과 이공과학기술 분야에서는 작지만 강한 나라, 강소국이 된 대한민국 영토에 우리나라 해군기지 세우는 데 주변국가 눈치를 보는 게 옳은 태도일까. 불필요한 도발은 자제해야 하지만, 국제사회에서 영원한 적도, 우방도 없는 것처럼 그들이 불편해야 할 만큼 요충지라면 국가의 주권수호를 위해 해군기지 건설은 오히려 늦은 감이 없지 않다고 생각한다.

아차 한발 늦었구나.

중국이 한국의 해양정책의 수립과 실천에서 제일 부러워하는 부분은 이어도 건설이다. 중국은 누구나 기피하는 수중 암초인 이어도의 중요성을 간파하고 이어도에 해양과학연구기지를 건설한 한국의 통찰력과 실천력을 감탄하며 질시하고 있다.

그래서일까. 암초에 불과한 퉁다오(童島)˚를 이어도의 기점으로 삼던 중국이, 1997년 상하이 앞바다의 서산다오˚˚로 이동, 중국 쪽으로 대거 후퇴하였다. 그런 후 중국 정부는 서산다오의 불침항공모함식 해군기지화를 서둘렀다.

17-1 중국 측 변경된 이어도 기점인 서산다오에 건립한 기점 표시석 (왼쪽). 서산다오의 해군기지는 이어도로부터 불과 13시간 거리, 반면 부산은 21시간 거리이다(오른쪽).

이어도에서 분쟁이 발생할 경우 부산 작전사령부에서 출동하려면 21시간(481㎞, 시속 22㎞ 기준)이 걸리는 데 반해, 현재 이어도의 중국 측 기점이자 해군기지가 있는 서산다오에서는 13시간(287㎞)이 걸린다. 중국 해군이 한국보다 무려 8시간 먼저 이어도에 도달할 수 있다. 그러나 제주 서귀포 강정마을에 해군기지가 들어서면 불과 8시간(174km) 거리로 우리가 중국보다 5시간이나 먼저 이어도에 다다를 수 있다.

비단 서산다오뿐만 아니다. 한국의 제주도와 이어도 해역 및 일본의 류

• 총면적 0.044㎢, 퉁다오의 중국식 공식 명칭은 해초(海礁, 하이자오)이다. 간혹 섬이라기에는 규모가 너무 작아 어린이(童) 섬(島)이라는 의미의 '퉁다오'로 별칭하기도 하는데 일본에서는 이를 직역하여 '고모도시마'로 부르기도 한다. 참고로 중국은 한국과 일본과 달리, 섬을 '도(島, 다오)', '서(嶼, 위)', '초(礁, 자오)', '암(岩, 옌)'으로 4단계로 세분하고 있다. 島는 1㎢ 이상 상주인구가 있는 섬을, 嶼는 0.05㎢-1㎢의 무인도 또는 비상주인구가 있는 작은 섬을, 礁는 0.0005㎢-0.05㎢의 무인 바위섬을, 岩은 0.0005㎢ 이하의 바위를 지칭한다. 湖北人民出版社,《中國文化知識精華》, (武漢, 湖北人民出版社, 2001), 36-38쪽.

•• 서산다오의 면적은 0.3㎢, 우리나라 독도의 1.5배 크기이다. 서산다오를 여산다오(余山島)나 蛇山으로 표기한 중국 측 자료도 간혹 발견되나 이는 드문 한자인 사람 인(人) 밑에 보일 시(示)가 합쳐진 산이름 '사' 자(중국어 독음 she)를 비교적 흔한 한자 '余'로 잘못 읽거나 사와 같은 발음인 '蛇'로 오독한 것에 연유된 것으로 판단된다. 2009년 1월 국토해양부 산하 국립해양조사원은 이어도의 중국 측 기점을 이어도에서 287km 떨어진 서산다오(余山島)로 변경했으며 당초 이어도에서 245km 떨어진 퉁다오를 기점으로 한 것에서 42km 더 밀어진 것이다. 외교통상부는 이를 근거로 해외 공관지도에 이어도 기점을 시정한 바 있다.

구분	부산 작전사령부	중국 상하이 서산다오	제주도 해군기지 건설 시
이어도 거리	481km	287km	174km
소요시간	21시간	13시간	8시간
제주도 이어도 해역에 대응한 중국 군항		서산다오, 난통, 저우산, 닝버, 원저우 등 5개소	
제주도 자매지자체, 하이난다오의 중국 군항		하이커우, 양푸, 비수오, 산야 등 4개소	

17-2 제주도 이어도 관련 한중 양국 해군기지 건설.

17-3 이어도를 둘러싼 주변국의 기점 거리 비교.

큐 해역에 대응하는 중국의 해군기지는 난통, 저우산, 닝버, 원저우 등 5개소나 된다. 섬 전체가 중국 경제특구이자 관광특구이며 현재 제주도와 자매결연관계를 맺고 있는 하이난다오만 하더라도 하이커우, 양푸, 바수오, 산야 등 무려 4개소에 해군기지를 건설해 놓고 있다.

이들 해군기지들은 대부분 장쩌민을 위시한 상하이방의 주도로 건설되거나 보강된 것이다. 주변 상황이 이런데도 랩을 중얼거리듯 오로지 평화, 평화만을 옹알거리면 저절로 제주도와 주변 해역에 평화가 유지되리라고 보는가.

끝으로 동북아 해상왕국 류큐 멸망의 최대 원흉은 누구일까? 그는 일본도 중국도 아닌, 류큐왕국 자신이었다. 평화애호라는 미명하에 안보는 일본이나 중국 등 외세에 맡겨버리고 돈벌이에만 몰두했던 극단적인 '숭상경무(崇商輕武)주의'를 실행한 류큐 왕실 자신이었다.

700년 무역왕국 류큐는 불과 500명의 일본 군대에 의해 멸망당했다.

류큐는 수천 척의 상선만 있었지 한 척의 군함도 없었다. 상인만 득시글 거렸지 군인은 한 사람도 없었다. 류큐의 무력이라고는 경무장한 궁중 호위병 몇몇과 왕실 주변의 치안을 맡은 순라군 수십 명이 전부였다. 이러고도 나라가 멸망하지 않을 수가 있을까. 류큐 망국은 필연이었다.

참고로 사(士)는 우리나라에서는 으레 문사인 선비를 의미하고, 일본에서는 무사인 사무라이로 통하게 되지만 중국에서는 문사와 무사를 불가분적으로 통칭하는 뜻으로 쓰이고, 막내 류큐에서는 무역 관련 종사자를 뜻하였다. 평화는 주어지는 게 아니다. 강한 국방력을 토대로 만들어지는 것이다. 균등한 힘을 가진 사이에서만 평화는 오래 계속된다.

우리는 막대하고도 참혹한 값을 치르고서야 평화를 사랑하는 것만으로는 평화를 유지할 수 없다는 것을 배워왔다. 단순히 평화를 사랑하는 것만이 아닌, 정신 무장과 아울러 군비 무장에 힘쓰는, 즉 평화의 창조가 평화를 지키는 가장 유효한 수단의 하나라는 사실을 잊지 말아야 할 것이다. 《공자세가》에서 말하듯, 문화를 창조하려는 자는 반드시 무력의 준비가 있어야 한다(有文事者 必有武備).

	조선	청	일본	류큐
사(士)의 개념	선비(문인)	문무 겸비	사무라이(무인)	무역 관련 관원
해양의식	미약	미약	정치·군사·경제·무역 전방위 해양의식	경제·무역면만 부각된 편면적 해양의식
해군력	매우 미약	미약	강력	전혀 없음
결과	일본의 식민지화	멸망 후 분열상태	동아시아 제패	일본의 지방정부화

17-4 19세기 후반 동북아 4개국의 해양의식과 해군력 비교.

18. 중국에게서 간도를 되찾는 다섯 가지 방법
—4세대, 동북공정으로 드러나다

잃지 않으려면 잊지 않아야 한다

한국과 중국 '사이(間)'에는 '섬(島)'이 있다. 간도(間島)이다. 간도는 주위가 물로 둘러싸인 예사 섬이 아니다. 간도는 사방이 동북아 민족의 혈사(血史)로 에워싸인 '역사적 섬(Historic Island)'이다.

바다의 섬들이 21세기 세계 각국에게 그 중요성이 갈수록 도드라지는 땅이라면 대륙의 섬 간도는 대한민국에게 체념과 망각의 피안 너머로 사라지게끔 해서는 안 될 우리의 소중한 옛 영토이다. 잃지 않으려면 잊지 않아야 한다.

간도라는 지명의 유래는 여러 가지 설이 있지만 조선과 청나라의 사료를 검토해 보면 만주족의 청나라가 중원을 석권한 뒤 만주 중북부지역을 약 200년간 사람의 주거와 수렵활동이 금지된 중간지대인 봉금지역으로

18-1 1745년 키친(T. Kitchin)이 제작한 'A Map of QUAN-TONG or LEA-TONGE PROVINCE ; and the KINGDOM of KAU-LI or COREA'지도. 동해를 'SEA OF KOREA'라고 표기했다. 중국과 한국의 국경선이 압록강, 두만강 이북에 형성된 것으로 나온다. 경희대 부설 혜정박물관 소장. 《신동아》 2005년 3월호 참조.

18-2 1749년 프랑스 지리학자 당빌리에(D'Anville)가 제작한 'et des Rojaumes de COREE ET DE IAPAN' 지도. 한국 평안도(PINGAN·왼쪽 밑줄)가 압록강 이북의 현 중국 집안지역까지로 돼 있고, 함경도(HIENKING·오른쪽 밑줄)도 두만강 이북 간도지역을 포함하고 있다. 18세기 제작된 서양의 여타 지도에도 양국 간의 국경선은 이와 흡사하게 표시되어 있다. 경희대 부설 혜정박물관 소장. 《신동아》 2005년 3월호 참조.

정한 것에 기인한 것으로 보인다.

위 지도들에서 알 수 있듯이 조선과 청나라 양국 간의 국경선은 압록강과 두만강이 아니었다. 압록강과 두만강보다 훨씬 북쪽으로 들어간 지역에서 양국 간의 경계가 획정되었다. 지금의 랴오닝, 지린 성의 남부지역은 조선 땅이었다. 랴오닝과 지린 성의 중북부와 헤이룽장 성은 중간지대 즉 간도였다. 간도는 세계 역사상 최장, 최대의 비무장지대(DMZ)였던 셈이다.

따라서 이제껏 간도로 알고 있었던 현재의 중국 '연변조선족자치주'는 19세기 중반까지는 중간지대, 간도가 아니라 완전한 조선 영토에 속하였다. 원래 연변조선족자치주의 이북지역에 위치해 있었던 간도가 19세기 후반에 이르자 남만주 지역으로 축소 후퇴하여 원래의 간도지역은 북간도로, 조선 영토였던 지역은 두만강 이북의 동간도와 압록강 이북의 서간도로 불리기 시작한 것으로 생각된다.

암탉이 병아리를 데리고 가듯

장쩌민 시대의 서부대개발이 경제적 접근논리에 중점을 두었다면, 후진타오 시대의 동북공정은 역사적, 문화적, 지정학적 접근논리에 중점을 두고 있다. 동북공정은 중국의 동북지역(만주)과 한반도의 역사적, 문화적, 지정학적 상관성을 부정한다.

동북공정에서의 '동북'이라는 범위는 동북 3성에 국한하지 않는다. 간도(남만주)는 물론 북한지역(특히 대동강과 원산만 이북 지역)과 그 해역, 나아가 제주도와 이어도 해역 등 한반도를 모두 포괄한다는 데 문제의 엄중성이 있음을 인식해야 한다.

다시 말해서 동북공정은 초기 고구려 역사를 중국사로 편입시키는 논리 개발에서 진화를 거듭하여 이제는 한반도와 주변 해역까지 넘보는 전방위 공세로 치닫고 있는 것이다. 북한지역의 동해 어업권을 획득하고 나진항을 50년 조차(기한 자동연장계약식 조약 체결로서 사실상 영구조차)한 후진타오 정권은 자국의 내해를 북한의 동해 해역으로까지 확장하려는, 즉 중국의 군함이 동해에까지 진출하는 중장기플랜을 수행하려는 동선(動線)을 예고하고 있다.

중국은 근래 《환구시보(環球時報)》를 비롯한 각종 언론매체를 통해 북한 급변 사태 발생 시 중국군의 북한지역 내 주둔 계획을 공공연히 밝히고 있다. 최근에는 우리나라 일부 언론에도 공개된 바 있는 '암탉이 병아리를 데리고 가는', 이른바 '모계대소계(母鷄帶小鷄) 계획'을 중국의 북한 전문 인터넷 사이트〈朝鮮中國〉에 네티즌 논객 논단 형식으로 슬금슬금 흘리고 있다. 암탉은 중국을, 북한은 병아리를 의미하는 이 계획의 골자는 중국 인민해방군이 북한 급변 사태가 발생하면 남포와 원산을 잇는 대동강 이북지역을 점령하여 북한 전역의 치안을 유지해 북한 주민들의 동북 3성 유입을 막는다는 것이다.

동북공정의 궁극적 목표가 북한지역 점령과 한반도 주변 해역 침탈이라는 마각을 대놓고 드러내고 있는 상황이다. 그럼에도 불구하고 간도를 비롯한 북방 영토에 대한 우리의 인식과 대응을 살펴보았더니, 피해의식과 무사안일을 넘어 자책골이 연상될 만큼 심각한 문제점들이 한둘이 아니었다. 그중 가장 중요한 것 다섯 가지만 들자면 다음과 같다.

1. 간도 100년 시효설
2. 헌법 제3조
3. 통일신라 시대 명칭
4. 북한의 반민족적 저자세
5. 총체적인 대응전략 미흡

이들 5개 문제점과 관련한 심층 분석과 함께 대안을 제시하고자 한다.

자책골 1호, 간도 100년 시효설
무엇보다 우선 척결해야 할 것은 '간도 100년 시효설'이다. 영토를 점유한 지 100년이 지나면 나중에 무효로 할 수 없다는 고약한 괴담이 우리나라 온·오프라인에 정설로 둔갑해 창궐하고 있다. 내로라할 만한 한국의 오피니언 리더들조차도 각종 시론과 칼럼에 100년 시효설을 근거로 하여 "이제 간도는 영영 중국 땅"이라는 식으로 적고 있다. 때문에 일반국민들 다수는 간도가 중국으로 넘어간 지 100년이 지났으니 간도는 영원히 중국 땅으로 굳어져 버렸다고 탄식하고 있다.

그러나 분명한 사실은 국제법상 영토문제는 시효가 없다는 것. 내가 16세기부터 2011년 현재까지 동서고금의 모든 영토 관련 국제규범과 다자조약, 양자조약, 국제 판례를 전수분석한 결과 남의 나라 영토를 '100년간 점유'하면 자기 나라 땅이 된다는 조항이나 판례는 단 한 구절도 발견할 수 없었다.

다만 4세기 전의 단 한 사람만의 주장을 접할 수 있었다. 그는 바로 '국제법의 아버지'(나의 사건으로는 서세동점의 제국주의 시대 유럽우월사관에 근거한 과잉 칭호이다)로 불리는 네덜란드의 휴고 그로티우스(Hugo Grotius, 1583~1645)이다. 그는 저서 《전쟁과 평화의 법》에서 "실효적으로 점유한 영토가 100년이 지나면 해당국의 영토로 간주한다"고 주장한 바 있다.

그로티우스가 이런 주장을 한 시대적 배경은 무엇일까. 그가 활약하던 17세기 초 네덜란드가 자바에서 영국 세력을 몰아내고 인도네시아에 식민지를 건설하기 시작한 것에 부응하기 위한 일종의 '주문자 생산방식의 맞춤 학설' 내지 '어용학설'이었다. 만일 100년 시효설이 영원 불변의 진리라면 그로티우스의 모국인 네덜란드가 350년간 통치한 인도네시아는 여전히 네덜란드 땅이 되어 있어야 할 것이 아닌가.

간도 100년 시효설 유포자는 한국인

간도 100년 시효설의 최초 유포자는 누구일까? 나는 먼저 중국 측을 의심하고 샅샅이 뒤져보았다. 그러나 중국의 논문과 언론매체에서는 한국이 간도 100년 시효설을 주장하고 있다는 내용 외에는 중국 측이 조작 유포한 혐의를 찾을 수 없었다. 다만 간도 관련 기사 말미에 "한국 너희들 말처럼 이제 100년 지났으니 간도는 영원히 우리 중국 땅이다. 으흐흐흐" 식으로 비웃거나 표정 관리하는 중국 네티즌들의 댓글은 다수 발견할 수 있었다.

간도 100년 시효설의 최초 유포자는 중국인이 아니었다. 놀랍게도 한국인 김 모 교수였다. 김 교수가 2009년 11월 9일 한 인터넷 매체에다 '간도영유권 100년 시효설의 긍정적 수용 제의'라는 납득하기 어려운 제목으로 기고한 글에서이다. 이는 내가 언론매체 칼럼으로는 한국 최초로(《국민일보》, 2009. 5. 20.) 간도 100년 시효설이 허구라는 견해를 밝힌 것을 계기로 하여 우리 학계 일각에서 일기 시작한 의문에 대한 해명성 글로 여겨진다.

김 교수는 그 기고문에서 100년 시효설은 1977년 백산학회 창립 제31주년 기념 학술회의에서의 자신의 주장에 기원한 것이라고 자랑스럽게(?) 밝혔다. 김 교수 글의 요지를 그대로 인용해 본다.

당시 나는 그로티우스의 100년 시효기간을 원용하여 "1909년 이래 간도를 실효적으로 지배하고 있는 중국은 한국의 항의가 없는 경우 적어도 2009년에는 국제법상 간도의 영유권을 취득하게 된다"고 주장하여 상기 '시효취득 100년 시효설'을 주장한 바 있다.

18-3 1700년대 중반 정상기(鄭尙驥)가 만든 한국 최초의 근대적인 한국 지도인 동국대전도(보물 제 1538호, 국립중앙박물관 소장). 세로가 272cm에 달하는 대형 조선 전도로, 표현된 범위는 남만주와 한반도를 아우르고 있다. 특히 18세기 무렵 청나라가 봉금 조치를 내린 북만주의 간도지역과 조선 영토의 경계를 명확하게 표시해 주고 있다.

상기 김 교수 이외에도 또 다른 김 모 재미학자는 실효지배 100년을 넘기면 국제소송조차 제기할 수 없다며 그로티우스의 100년 시효설을 가장 먼저 제기한 주인공이 바로 자신이라고 주장하였다.

두 김 교수들은 서로 그로티우스 100년 시효설을 먼저 말했다며 이른바 '원조 경쟁'을 벌이고 있는데, 이는 마치 축구경기에서 자책골을 자기가 넣었다고 우기는 격이다.

먼저 후자의 김 교수에게 묻겠다. 100년을 넘기면 국제소송조차 할 수 없다고 그로티우스가 언급한 적이 있던가? 두 김 교수에게 묻겠다. 설령 그로티우스가 국제법의 아버지, 아니 국제법의 할아버지라고 치자. 그렇지만 그로티우스의 주장이 국제법 세계에서 영원히 따라야 할 전지전능한 신의 말씀이라도 된다는 말인가? 17세기 일개 학자의 주장의 효력이 현대에 통용되고 있는 국제협약, 다자조약, 양자조약, 국제판례, 국제관습법, 보편적인 국제법 원칙보다 우선하는가? 이것과 17세기 조선시대 일개 학자의 주장이 21세기 대한민국 헌법과 법률보다 우선 적용돼야 한다는 얼토당토 않는 주장과 그 무엇이 다른가?

99년 만에 중국이 홍콩을 반환받았다고?

물론 그로티우스의 100년 시효설을 원용하고, 민간단체들이 이 설을 유포한 동기를 최대한 좋게 해석한다면, 간도에 대한 국민적 관심을 높이고 정부에 간도문제의 해결을 촉구하기 위한 의도였다고 이해할 수는 있다.

그러나 100년 시효설은 결과적으로(단, 누구라도 충분히 예견할 수 있었던 결과), 중국에게 간도를 내주는 가장 완벽한 논리를 제공한 셈이다. 두 김 교수가 그로티우스의 주장을 간도 100년 시효설의 근거로 원용한 것은 참으로 근시안적이고 자가당착적인 국토 참절적 언행이 아니라고 아니할 수 없다.

이러한 치명적 자책골로 연결되는 백패스 '100년 시효설'이 우리 수비수의 몸에 맞아 골문 가까이 진입한 시점은 1997년 홍콩반환 무렵이었다. 당시 한국의 정·언·학계 일각에서는 중국이 홍콩을 99년 만에 반환받았으니 우리도 2009년이 되기 전에 일본이 중국에 불법으로 넘겨준 간도를 되찾아보자고 목청을 돋우었다. 100년 시효설이 국제사회의 보편적인 원칙인 양 더욱 그럴싸한 철칙으로 굳어졌다.

흔히들 조차조약 기간은 대부분 99년간으로 알고 있는데 이는 명백한 오류이다. 조차조약의 조차기간은 조약 당사국이 정하기 나름이다. 99년 만에 중국이 홍콩(홍콩섬+구룡반도+신계)을 반환받은 것이 아니다. 중국은 영국에 1842년 영구조차 당하였던 홍콩섬을 155년 만에, 1860년 영구조차 당하였던 구룡반도를 137년 만에 되찾은 것이다. 중국이 99년 만에 되찾은 지역은 1898년 제2차 북경조약으로 99년간 조차 당하였던 홍콩 변두리 지역인 신계지역뿐이다.

그리고 100년 시효설이 맞는 것이라면 신계를 제외한 홍콩의 핵심 부분인 홍콩섬과 구룡반도는 여전히 영국 땅으로 남아 있어야 한다. 100년 시효설이 정설이라면 포르투갈이 450여 년간 점령한 마카오도 여전히 포르투갈 땅이어야 한다.

대못을 뽑아내듯 100년 시효설을 척결해야

간도협약은 법적 권원이 없는 제3국에 의한 영토 처리이브로 국제법상 무효이다. 일제가 1909년 간도협약을 체결한 바탕이 된 1905년 을사늑약(을사보호조약) 역시 강압에 의한 것으로 원천 무효이다. 국제법상 보호조약이란 보호국이 외교권을 장악할 뿐, 피보호국의 영토처분권까지 갖게 하는 것은 아니므로 동 조약이 법적근거가 될 수 없다.

거듭 강조하건대, 국제법상 시효기간이 없는 것은 엄연한 사실이다. 하지만 팔마스 섬 사건과 베네수엘라와 가이아나 국경 분쟁 사건 등 소수의 국제판례에서는 어떤 국가가 다른 국가의 영토에 통치권을 행사해 왔는데, 당해 영토의 국가가 '오랫동안' 항의하지 않은 경우, 그 영유권을 포기한 것으로 간주된다고 판시하고 있다.

이처럼 국제판례는 구체적 시효기간은 명시하지 않고 있지만 100년이라면 '오랫동안'으로 유추 해석될 위험성이 전혀 없다고 볼 수 없다. 따라서 우리 정부는 하루빨리 간도협약이 무효임을 공식 선언하여야 한다. 아울러 우리 정부는 대못을 뽑아내듯 다수 국민들을 체념하게 만든 원흉, 간도 100년 시효설이 터무니없는 허구라는 실상을 공포하고 이를 널리 홍보하여야 할 것이다.

100년 시효설을 주장하거나 그것의 유포에 적극적으로 가담한 인사들은 지금이라도 100년 시효설이 오류였다는 사실을 공개적으로 인정하고 사과해야 한다고 생각한다. 2009년 백산학회와 간도되찾기운동본부는 100년 시효설은 오류였다고 솔직히 고백한 바 있다. 지식인일수록 자신의 잘못을 시인하고 시정할 수 있는 용기가 목숨을 버리는 용기보다 더욱 내기 어렵다고 한다. 나는 이러한 진솔한 용기를 실행한 두 민간단체를 높이 평가하며 필생의 연구태세의 거울로 삼고자 한다.

19. 당신이 소한민국 아닌 대한민국에서 살고 싶다면
―큰 한국, 대한의 고유한 판도를 꿈꾸자

큰 한국, 대한의 고유한 판도를 꿈꾸자

"우리 모두 리얼리스트가 되자. 그러나 가슴속에는 항상 불가능한 꿈을 가지자."

이는 중남미의 독립혁명가 체 게바라의 명언이다. 현실을 직시하되 현실에 안주하지 말고 잘못된 현실을 극복하려는 의지와 원대한 이상을 지니고 있어야 한다는 말이다. 이는 또한 나의 앞선 기고문에 '간도는 이제 중국 땅이니 잊자', '독도나 지킬 것이지 간도는 무슨?' 등의 의견을 주신 몇몇 네티즌께 들려주고 싶은 말이기도 하다.

꿈이 없는 개인과 국가는 타인과 타국의 꿈을 위해 살게 된다. 오랫동안 꿈을 그리는 개인과 국가는 마침내 그 꿈을 실현할 수 있다. 이러한 신념을 글 쓰는 동력원으로 삼고, '오랜만에 보는 개념 글', '기립박수감!' 등의 공감과 과찬을 보내 주신 대다수 독자 분들의 성원을 날개 삼아 계속 졸고를 이어가도록 하겠다.

대못을 뽑아내듯 '100년 간도 시효설'을 척결한 다음, 급선무는 현행 대한민국 헌법 제3조를 손질하는 일이라고 생각한다. '대한민국의 영토는 한반도와 그 부속도서로 한다'라는 조항은 장래 중국과의 간도협상에서 우리 스스로 손발을 묶는 족쇄가 될 수 있다. 만일 중국이 "당신네 영토는 한반도라고 헌법에까지 명시해 놓고는 왜 남의 땅을 넘보는 거야"라고 한다면 우리가 무슨 논거로 항변하겠는가. 헌법 전문에도 밝힌 바와 같이 대한민국이 법통을 이어받은 대한민국임시정부의 임시헌법들을 한강의 원류를 찾듯 거슬러 가보다가 나는 두 번이나 놀람의 탄성을 터뜨렸다.

첫 번째 탄성은 임시헌법에는 우리나라의 영토를 한반도로 국한하지 않았다는 대목에서, 두 번째 탄성은 임시헌법의 개정 차수가 거듭될수록 영토의 범위가 확대되었다는 깨달음에서 터져 나왔다.

1919년 임정 수립 원년, 상하이 대한민국임시정부에서 공포한 임시헌법 제3조는 '대한민국의 강토는 구한국의 판도'로 규정했다. 1944년 충칭(重慶)으로 천도한 대한민국임시정부의 최종헌법, 즉 헌장 제2조는 '대한민국 강토는 대한의 고유한 판도'라고 규정하였다. 한반도는 물론 간도를 비롯한 북방 영토의 주권 회복을 국가 목표로 설정하였음을 알 수 있다.

그런데 최초 임시헌법의 '구한국(Old Korea)의 판도'가 최종 임시헌법 '대한(Great Korea)의 고유한 판도'로 해상도와 배율이 더욱 뚜렷해지고 확대된 배경과 취지는 무엇일까? 이에 대해 더욱 총체적이고 면밀한 연구가 필요하겠지만 우선 세 가지만 들자면 다음과 같다.

정약용과 동국대지도, "간도는 우리 땅"

첫째, 대한민국임시정부 수뇌부들의 머리와 가슴속의 국토 영역은 지금의 한반도에 국한된 '작은 한국, 소한(小韓)'이 아니라 한반도와 간도를 아우르는 '큰 한국, 대한(大韓)'이었다고 추론된다. 이는 그저 그런 막연한 추정이 아니다. 알려진 사실에서부터 새로운 사실을 찾아가는 추론과정의 결과물이 실체적 진실에 가깝다는 것을 확인해 줄 수 있는 중인들과 증거들을 다수 확보할 수 있었다. 그중 대표적 증인은 '다산 정약용'이고, 대표적 증거는 '동국대지도'이다.

조선시대 대표적 실학자인 정약용은 저서 《아방강역고》(1811년 간행)에서 "만리장성의 남쪽에 있는 나라를 중국이라 하고 요하(遼河)의 동쪽에 있는 나라를 동국(조선)이라 한다"라고 조선과 청의 영토 범위를 정의하였다. 공리공담을 철저히 배격하고 정확한 고증과 사실에 토대를 두는 과학적, 객관적 인식을 중시하는 실사구시학파의 거두, 정약용이 광신적 민족주의자나 신비주의자가 뇌까리는 허튼소리를 할 리는 없을 터.

그래도 만에 하나, 그것이 조선시대의 보편적 영토의식이 아니고 정약용 개인의 애국심이나 당파적 이익에서 발로한 사설(私說)이었다면 어떻게 되었을까. 당시 반청북벌의 목소리는 사라진 지 오래이고, 청나라와의 우호관계 유지를 외교 원칙의 최우선으로 삼고 있던 정조-순조 연간의 조정이 아니던가. 3족이 능지처참에 처해지는 멸문지화를 당한다 해도 군소리 없이 죗값을 달게 치러야 할 망발 중의 망발이었으리라. 과문한 탓인지 나는 이제까지 정약용의 요동지역과 남만주를 포함하는 북방영토관에 대한 반론을 접하지 못했다.

뿐만 아니다. 조선시대 대표적 국가공인지도인 '동국대지도' 역시 만주와 조선을 아울러 조선전도로 표기하고 있다. 1750년대 정상기가 제작한 동국대지도가 대동여지도보다 훨씬 널리, 오래, 그리고 영조 이래 역대 조선 왕실에 의해 공인된, 조선시대 대표 지도라고 할 수 있다. 영조는 동국대지도를 홍문관에 보내 모사하도록 하고 영조는 70 평생에 이런 지도를 본 일이 없다며 감탄했다고 사서는 기록하고 있다.

혼히들 1861년 평민 출신인 김정호가 동국대전도를 토대하여 사적(私的)으로 제작한 대동여지도가 조선시대를 대표하는 지도로 알려져 있는데, 이는 일제의 식민사관이 만들어낸 '상식의 오류'이다. 대동여지도가 조선을 대표하는 지도처럼 인식된 계기는 일제의 조선총독부가 1934년에 교과서 《조선어독본(朝鮮語讀本)》에 김정호와 대동여지도를 수록한 후부터다.

우리에게 알려진 김정호에 대한 이야기들, 그가 대동여지도를 만들기 위해 전국을 세 차례나 답사하고 백두산을 일곱 번이나 등정했으며, 대동여지도가 완성된 후에는 국가의 기밀을 누설했다고 하여 분노한 흥선대원군이 옥에 가둬 죽였다는 이런 이야기는 《조선어독본》에 실린 내용으로 실제 사실이 아니다.

지금도 대동여지도보다 앞서 만들어진 정교한 고지도가 동국대전도를 비롯한 4백

19-1 대한민국임시정부 헌법상의 영토관, 1750년대 무렵 정상기(鄭尙驥)가 만든 조선시대 대표 지도이자 왕실공인지도인 동국대전도(보물 제1538호, 국립중앙박물관 소장). 이 동국대전도상의 국경선 역시 정약용의 《아방강역고》의 "요하의 동쪽에 있는 나라를 동국(조선)이라 한다"와 정확하게 일치한다. 한반도(울릉도, 대마도, 독도 포함)와 간도지역을 아우르고 있는 영토범위는 대한민국임시정부 헌법상의 대한의 고유한 판도의 영토관과 합치된다.

여 종이 남아 있다. 당시에는 더 좋은 고지도가 많이 있었다. 그럼에도 일제가 발행한 《조선어독본》은 김정호가 지도를 제작하게 된 계기는 조선의 지도 제작 수준이 형편없었던 데 있었다고 한다. 무엇 때문이었을까? 거기에는 우리 민족의 전통과 우수성을 깎아 내림으로써 식민지 지배를 합리화하려는 음모가 있었던 것이다.

또한 공교롭게도 대동여지도는 동국대지도와 달리 만주지방을 국토에서 제외된 것으로 표기하고 있어 일제의 구미에 부합한 것도 일제가 김정호의 대동여지도를 부각시킨 요인의 하나라고 분석된다.

요컨대, 정약용과 동국대지도를 통해 우리는 18세기 이래 일제강점 직전까지 우리의 영토관이 한반도만의 '소한'이 아니라, 한반도와 간도를 아우르는 '대한'이었음을 알 수 있다. 대한민국임시정부는 이러한 북방영토의식을 계승 발전시키고자 이를 헌법에 수용한 것으로 판단된다.

한족(漢族)에게 만주는 없었다

두 번째, 유사 이래 20세기 전반까지 중국의 주류민족인 한족(漢族)의 가슴속 영토에는 만주가 없었다. 만주가 중국인의 영토의식의 판도밖에 있었다는 것을 방증해 줄 수 있는 자료들이 반만년 중국사의 벌판에 수북하게 널려 있다.

일본이 만주를 점령하고 만주국이라는 괴뢰국을 세웠을 때 대부분의 세계열강들은 강력하고 분명하게 일본의 제국주의 야욕을 규탄하고 가능한 한 강경한 제재조치를 가했다. 그러나 정작 피해 당사국인 중국 정부는 별다른 저항을 하지 않았다. 심지어 중국이 일본과 밀약을 맺어 만주지역을 같은 아시아 국가인 일본에게 넘겨주었을 것이라는 의구심이 들만큼 중국 정부의 저항은 소극적이었다.

세세대대로 한족들에게 만주지역은 쓸모나 이익은 없으나 버리기는 아까운 계륵(鷄肋)이었다. 아니 어떤 면에서는 계륵보다 훨씬 못한, 뽑아내야 할 '충치'이거나 떼어 내어야 할 '종양'이었다. 그도 그럴 것이 한족들의 입장에서 만주는 조상 대대로 국경선인 만리장성을 넘어 중국의 본토를 위협하거나 지배하여 온 오랑캐들, 흉노, 돌궐, 부여, 고구려, 발해, 말갈, 거란, 여진, 몽골, 만주족의 본거지였으니.

더구나 대한민국임시정부는 중국 국민당 정부와 산전수전을 겪으며 끈끈해진 긴밀한 관계를 통해 그들의 내면의식 깊숙한 곳에 숨겨진 영토관의 실체를 엿볼 기회가 많았을 것이리라. 임정 수뇌부는 중국인의 내심의 국토에는 만주가 없었으며 만주의 수복의지가 없거나 매우 미약하였음을 간파하였기 때문이라고 생각된다.

끝으로, 종전 1년 전인 1944년이라는 시간과 힘의 진공상태가 만주라는 공간을 열어주었다. 연합국의 승리와 일본의 패망을 목전에 둔 시점에 대한민국임시정부는 만주지역에서 힘의 진공상태의 임박을 목도하였다. 따라서 임정 수뇌부는 간도 및 북방 영토를 '대한의 영토'로 수복할 수 있는 천재일우의 기회로 포착, 이러한 염원을 임시정부의 최종 헌법인 헌장 제2조에 전격 수용한 것으로 파악된다.

그의 국가관과 영토관이 의심스럽다

영토와 관련한 대한민국 헌정사의 강물을 하류 쪽으로 허위단심 내려오던 나는 검붉은 소용돌이를 그리며 역류하는 점액질 오물덩어리를 마주치게 되었다. 그것은 바로 2005년 정동영 당시 통일부장관의 국회에서의 발언. 그는 생뚱맞게도 영토를 휴전선 이남지역으로 제한하는 영토조항의 개헌 필요성을 주장하였다. 북한에 실효적 지배가 미치지 않기에 남한지역만을 대한민국 영토로 국한시키자는 것이다. 1991년 북한의 유엔 가입과 1992년 남북기본합의서를 통해 북한을 사실상의 정부로 인정하는 현실을 반영하자고 외쳤다.

그의 영토 축소 개헌 주장은 반통일적, 반민족적, 반역사적 망언이 아니라고 할 수 없다. 간도 되찾기는커녕 북한지역의 수복의지마저 말살하고 대한민국에서 북한의 존재를 배제해 분단을 영구화하려는 짓이다. 스스로 반통일 반민족주의자라고 고백하는 꼴인 그의 주장은 마치 상대팀에게 매수(?)당한 축구 감독이 모든 선수들을 하프라인 자기 진영(한반도) 내에 가둬놓고 시종일관 수비로만 일관하라는 것도 모자라 아예 페널티박스(남한 영역) 내로 가둬넣고 백패스로 자책골을 유발하라는 신호를 보내는 짓이나 다름없다고 생각한다. (최근 제주해군기지 건설을 반대하는 불법시위와 공권력이 이를 진압하는 과정에 벌어졌던 일련의 불필요하고 불행한 사건의 단초 역시 정동영이 제공한 것이다. 그는 2011년 11월 6일 야 5당이 참여한 '제주해군기지 백지화 강정 평화대회'를 주도한 자리에서 "제주해군기지는 우리가 정권을 잡고 있을 때 한 일"이라고 사과한다며 "강정마을 해군기지가 아닌 평화공원을 조성하는 데 최선을 다하겠다"고 망언하였다. 그는 이어 제주해군기지가 건설되면 제주도가 중국의 '목의 가시'가 돼 미국과 중국의 갈등과 대결구도를 자초하는 꼴이라고 궤변을 늘어놓은 바 있다.)

나는 그의 국가관과 영토의식을 의심한다. 간도는 논외로 치자. 육지영토(북한지역)를 영원히 내주려는 하는 것도 모자라 이제는 해양영토(제주도 이어도 해역)까지 무방비상태로 만들려고 하는 그의 사상과 배후가 심히 의심스럽다.

간도는 대한민국의 미수복지이다

실패는 죄가 아니다. 목표가 낮은 것이 죄다. 나의 창이 독수리(북한)를 겨냥하였다가 바윗돌에 빗맞아버리는 것보다는 차라리 저 하늘의 태양(간도)을 겨냥했다가 독수리를 잡는 편이 더 낫지 않은가.

19-2 국내 일부 정파가 획책하는 대한민국 영토 범위.

남과 북, 분단의 좁고 답답한 프레임에 갇혀 체제의 우위를 주장하던 시대가 끝난 지 30년이 다 되어 간다. 이제는 김씨 왕조의 붕괴와 통일 이후의 상황 변화에 대한 준비에 전념하여야 할 때이다. '북한은 물론 간도 역시 대한민국의 미수복지'라는 '큰 한국-대한(大韓)의 영토의식'을 함양하여야 한다고 생각한다.

"대한민국의 영토는 한반도와 그 부속도서로 한다"는 헌법 제3조는 남북이 갈라지던 해방 공간에서 통일의 염원을 담은 소중한 조항이라고 할 수 있다. 그러나 1948년 헌법제정안 초안 검토 시에 제헌의원의 일부는 "대한민국 영토를 반도라고 쓴 것은 일본의 의도를 따른 것이다. 간도의 모든 권리는 한민족에게 있기 때문에 당연히 우리 국토로 편입해야 할 것"이라고 개정을 촉구했던 사실을 상기해야 할 것이다. 더구나 갈수록 노골화되는 중국의 간도를 포함한 동북공정 공세에 헌법 제3조는 독소조항으로 작용할 위험성이 매우 크다.

일반적으로 인식하는 한반도는 압록강-두만강 이남지역을 의미하므로, 우리 헌법은 이미 간도지역을 포기한다고 말하고 있는 것이나 다름없다. 혹자는 영토조항을 헌법에 규정한 세계 각국의 헌법 사례가 거의 없다는 점을 들어 영토조항을 헌법에서 아예 삭제해 버리자고 말한다. 그러나 영토조항을 완전히 지워 버린다면 북한이 급격히 무너질 경우 속수무책이다. 중국과 일본 등 제3국에게 북한에 대한 내정간섭을 하지 말라고 요구할 수 있는 헌법상의 근거를 스스로 제거하는 꼴이 된다.

따라서 나는 향후 헌법을 개정할 때 임시정부 최종헌법인 헌장 제2조를 원용하여 "대한민국의 영토는 한반도와 간도를 아우르는 대한의 고유한 판도로 한다"라고 규정할 것을 제안한다. 만일 이러한 개헌이 번거롭다면 가칭 '영토 기본법'을 제정하여 '헌법상의 한반도는 간도 등 북방영토를 포함하는 개념'이라는 것을 명기한 조항을 규정할 것을 제안한다.

20. 간도 되찾기 최대 걸림돌은 중국에 비굴한 북한

—동북공정에 대해 북한은 묵언수행 중인가

북한은 묵언수행 중인가

"참 이상한 노릇이다. 중국은 당초 실제로 국경을 마주하고 있는 북한의 반발을 우려했었다. 그런데 중국과 (육지)국경이 단 한 뼘도 접하지 않은 현실적 제3국에 지나지 않는 한국이 이토록 강력하게 반발할 줄은 정말 예상 밖이었다."

2004년 제1차 동북공정 파문 당시, 평소 터놓고 지내는 중국인 교수 한 사람이 내게 이렇게 털어놓았다. 그동안 우리 정부는 중국의 역사 침탈 도발에 대해 2004년 8월 양국 정부가 갈등을 봉합하기로 합의한 후에도 고구려연구재단을 설립하고 또 이를 동북아역사재단으로 확대 출범시키는 등 미흡하나마 안간힘을 쏟아왔다.

그런데 중국 측 말대로 정작 당사국인 북한은 동북공정에 길고 긴 침묵을 지키고 있다. 동북공정은 단순한 역사왜곡이라기보다 북한 전역에 대한 중국의 지배력 강화를 위한 팽창전략이라는 실체가 드러나고 있는 오늘까지도.

북한은 1994년 10월 단군릉을 새롭게 단장해 북한이 고조선과 고구려를 계승하고 있다는 점을 과시한 바 있다. 북한의 최고 지도이념이자 연호로 사용하고 있는 '주체'사상에 따르면 중국이 고조선과 고구려, 발해사를 중국사에 포함시킨 것은 절대로 용납할 수 없는 노골적인 역사왜곡이자 주권침탈이라고 실성이라도 한 듯 펄펄 뛰며 온갖 비난을 퍼부어대야 정상이 아닌가.

그런데 북한은 중국의 국시라고 할 수 있는 '개혁개방'이라는 단어는 사용하면 총살형에 처하는 금칙어로 정해놓은 반면에 '간도와 동북공정'이라는 단어에는 갑자기 눈뜬 소경이 되어버렸는지 어둠과 침묵이다. 빛도 기척도 없다.

북한 땅 코앞에서 중국의 2008년 동계 아시아경기대회 성화 채화, 백두산 인근 관광 개발, 백두산 유네스코 자연문화유산 등재 추진, 아리랑과 태권도, 농악, 장구춤 모두를 중국의 문화로 등재시켰는데도, 묵언수행 중인지 숨소리조차 얼어버린 절대침묵 상태다.

침묵은 승낙의 표시이자 자백에 해당된다

고대 그리스의 비극시인 에우리피데스가 갈파한 대로 동북공정에 대한 북한의 침묵과 반민족적 행태는 그저 세습정권 유지만 시켜주면 중국이 북한의 모든 것을 다 가져가도 좋다는 승낙의 표시이자 주권국이 아니라 중국의 종속국 내지 지방정권이라는 자백에 해당된다.

2009년 북한은 중국에 나진항을 50년 조차(기한 만료 후 자동연장 조약으로 실질적으로 영구할양)해주어 동해와 태평양으로의 출구를 내주었고 동해어업권을 양도했다. 그것도 모자라 양강도 보천군 보천광산, 갑산군 문락평광산을 비롯한 10여 개 광산들의 중석, 몰리브덴, 마그네사이트, 철, 무연탄, 역청탄, 금, 은, 동 광물 채굴권을 중국에 넘겨주었다. 이에 따라 약 3000조 원으로 추정되는 북한 광물 자원이 고스란히 중국에 넘어갈 것으로 우려된다.

20-1 2010년 10월 2일 평양시 강동군 단군릉에서 북한 시민들 및 해외동포 등이 참석한 가운데 개천절 기념행사가 열리고 있다.

또한 중국-조선 경협이라는 미명하에 황금평과 나선 개발, 압록강과 두만강을 건너 북한 땅을 촘촘히 짜며 내려가는 단둥-평양, 단둥-원산, 투먼-나선, 창바이-김책의 고속도로 건설 등 사회간접자본(SOC) 개발에 따른 각종 이권을 음으로 양으로 팔아넘겼거나 넘기고 있는 중으로 파악된다.

이러한 동북공정에 대한 북한 정권의 비굴한 침묵과 중국에 산과 바다, 물길과 뭍길을 넘겨주는 반민족적 행태를 감안할 때, 중국의 북한지역 점령은 한낱 시나리오가 아니라 임박해 오고 있는 엄연한 현실이다.

어쩌면 좋을 것인가? 나는 간도와 동북공정에 관한 온-오프라인상의 온갖 사료와 선행자료를 검토해 보았다. 중국의 야욕에 대한 비판과 우리 정부의 미온적 자세에 대한 지적만 넘쳐났지 구체적이고 실현 가능한 해결책은 찾을 수 없었다. 대책이라고는 기껏해야 고대사에 대한 연구와 교육을 강화해야 한다는 원칙론만 되풀이할 뿐이다. 다시 며칠 밤을 하얗게 지새우며 뇌 즙을 짜내듯 고민을 거듭했으나 지려천박하고 천학비재한 내가 묘책을 찾는다는 것은 어림 반 푼어치도 없는 일이다.

다만 모노크롬으로 새하얗게 표백된 머릿속에 남은 고통과 번민의 사금파리 같은 몇 조각을 다음과 같이 꺼내드니 강호제현께서는 이를 너그러이 보아주시길 바란다.

바보야, 문제는 북한이야

우선, 북측이 내세우는 민족이라는 단어에 대한민국 사회가 더 이상 현혹되어서는 안 된다. 중국인이 생래적 자본주의자라면 한국인은 생래적 민족주의자이다. 반만년 비단장사 왕 서방 중국인이 '실리'에 집요하다면 단일민족이라는 일종의 도그마와 신화로 살아온 한국인은 '민족'에 열광하는 경향이 있다.

간도와 동북공정에 대한 북한의 무한 침묵에서 우리는 북한 정권이 말하는 이른바 '우리 민족끼리'의 우리 민족은 '김일성 민족'이지 한민족이 아니라는 사실을 냉철하게 인식하여야 할 것이다.

둘째, 북한의 비겁한 침묵과 반민족적 행태를 강력하게 비판하여야 한다. 이제까지 우리들은 동북공정에 대한 우리 정부의 대응자세만 지나치게 미온적이라니 신사대주의라니, 하며 자기학대의 쓴 소리를 퍼부어 왔다. 그러나 중국의 동북공정을 방관하고 용인한 당사자는 대한민국 정부가 아니라 북한 당국이다.

그런데도 어떻게 된 셈인지 우리나라 각계각층에서 북한의 반민족적 저자세에 대한 지적과 비판을 찾기는 모래사장 바늘만큼 찾기 어렵다. 우리 정부로서는 중국과 한 뼘의 국경도 접하지 않은 실질적 당사자가 아닌 분단 상황에서 할 만큼 했다고 볼 수 있다. 앞으로 우리는 북측에 대해 간도와 동북공정에 벙어리 상태를 계속 유지하려면, 더 이상 주체니 자주니, 하는 말을 입 밖에도 꺼내지 말라고 분명하게 요구해야 할 것이다.

셋째, '고마해라, 마이 묵었다 아이가'라는 영화 〈친구〉의 명대사를 중국에게 들려주고 싶다. 동북공정의 최신 버전인 '모계대소계(母鷄帶小鷄)' 계획, 즉 암탉이 병아리를 데리고 가듯 북한을 삼키려는 식탐을 그만두라. 중국 당신네는 암탉이 아니라 베이징덕 요리 재료인 어미 오리다. 길 잃고 병든 병아리를 어미 오리가 데려가면 쓰겠는가.

끝으로, 북한 당국이 최소한의 민족적 존엄과 양심을 회복하길 바란다. 하늘이 무너지고 땅이 갈라진다 해도 대다수 굶주린 북한 동포는 한 핏줄 한 민족이고 피폐해진 북한 땅은 대한민국의 일부다. 세습정권의 연명을 위해서 추악한 침묵을 집어치우고 북한 동포와 북한 땅을 팔아먹지 말고 개과천선할 것을 권고한다.

중국의 우리 역사지리 침탈에 대해 고조선과 고구려와 발해 유물이 많이 남아 있는 북한이 이제라도 팔을 걷어붙이고 나서 주면 중국도 당황하고 주춤거릴 것이 아닌가. 날이 갈수록 심각해지는 동북공정 문제를 극복하기 위해 북측이 진정성 있게 동참한다면 이는 남북관계 개선과 민주통일을 위한 새롭고 획기적인 계기이자 아젠다(agenda)로 발전될 수도 있지 않겠는가. 10월 3일은 단군이 고조선을 건국한 개천절이다. 김정일과 북한 당국자들, 그리고 그의 아들은 그대들이 만든 단군릉에 찾아가 중국의 팽창 야욕을 수수방관하는 죄를 역사와 민족 앞에 반성해야 한다.

21. 동중국해에 초대형 괴물 '류큐공정' 등장 하다

―남부전선 이상 있다

센카쿠―류큐 해역과 제주―이어도 해역

2006년 12월 26일, 베이징에서 개최된 해군 제10차 당대표대회에서 후진타오 중앙군사위 주석 겸 국가주석은 해양대국을 선언하고 강대한 해군 육성을 주문하면서 적극적인 해양권익 확보정책이 탄력을 받게 되었다.

후진타오를 핵심으로 하는 중국 제4세대는 국방산업 현대화에 집중적인 투자를 아끼지 않고 있다. 우선투자순위는 해군 > 공군 > 육군 순으로, 특히 해군력 강화에 총력을 집중하여 왔다. 중국은 2011년 8월 동아시아 국가로서는 최초(세계에서는 10번째)로 항공모함 바라크호를 시험운항한 데 이어 중대형 항모 제작 계획을 세우고 있다. 중국 해군의 허브포트로 잘 알려진 다롄과 칭다오 외에도, 상하이와 가까운 데다가 수심이 깊어 중국 최고의 양항으로 유명한 저장 성 닝버와 우리나라 제주도의 자매결연지자체인 하이난에는 각각 항공모함을 비롯한 20여 척의 핵과 디젤 추진 잠수함을 수용할 수 있는 초대형 해군기지를 건설 중이다.

항공모함의 운항 시스템은 항공모함 단독이 아닌 구축함, 순양함, 잠수함 등과 연합한 전단으로 운영되기 때문에, 동아시아 해군력은 중국이 장악하게 될 것으로 관측된다. 2020년까지 중국은 3만~4만 톤급 중형항모 2척과 6만 톤급 핵추진 대형항모 등 6척의 항공모함을 건조할 것이며 이들 항공모함 전단의 전력 비중은 동중국해〉남중국해〉서해〉발해 순으로 배치될 것으로 보인다. 따라서 2012년 10월경부터 출범할 중국 제5세대 지도층의 팽창 주력 방향은 센카쿠를 포함한 류큐 해역(제주-이어도 해역 포함)과 북한지역이라고 예견된다.

마오쩌둥(서남지역), 덩샤오핑(동남지역), 장쩌민(서북지역)에서부터 지금의 후진타오(동북지역)에 이르기까지 중국 역대 지도층은 그들이 선택 집중한 지역의 개발과 대외정책에서 눈부신 성과를 거두어 왔다. 시진핑을 비롯한 차세대 지도자들은 G2로 불릴 만큼 강해진 중국의 국력을 바탕으로 전임세대들보다 훨씬 유리한 여건에서 더욱 대담하고도 주도면밀한 정책을 펼칠 것이며 그만큼 성공확률도 높을 것으로 관측된다.

센카쿠-류큐 해역이 중-일, 중-미 간의 해양세력 쟁탈전이라면서 우리는 신경 끄고 독도나 잘 지키자, 하고 팔짱을 끼고 강 건너 불구경하듯 하면 큰일 난다. 만일 중국이 류큐 해역을 장악하게 된다면 우리나라의 대외무역 항로의 명맥은 끊겨지고 제주-이어도 해역은 중국의 내해로 변해버릴 것이기 때문이다. 즉 국토 전체가 마치 도로에 접하는 부분이 없는 맹지(盲地)처럼 전락해버릴 것이기 때문이다.

21-1 "중화통일을 수호하고 류큐군도를 환수하자!"

이에 나는 센카쿠, '류큐 반환'에서 '류큐 독립', 류큐 독립에 대한 중국의 개입의도, 이어도, 제주해군기지 문제 등 상호 긴밀히 연동되는 이슈들을 심도 있게 살펴보고자 한다.

2006년까지, 센카쿠 영유권에 관한 일-중 간의 주장을 각각 단 한 줄로 축약하자면 이렇다.

일본 : 센카쿠는 일본의 류큐(오키나와 현)에 속하기에 당연한 일본 땅이다.

중국 : 센카쿠는 류큐가 아닌 대만의 부속도서이기에 중국의 고유한 영토이다.

먼저 센카쿠를 실효적으로 지배하고 있는 일본 측 논거를 좀 더 구체적으로 살펴보면 다음 네 가지로 요약된다.

첫째, 일본은 1879년 류큐왕국을 오키나와 현으로 만든 후 인근의 센카쿠를 1885년부터 10년간 실지 조사하였다. 센카쿠는 청나라 지배 흔적이 없는 무인도였으므로 1895년 오키나와 현으로 편입시켰다.

둘째, 청일전쟁 승전 이후 1895년 체결된 시모노세키 조약 제2조에 의하면 센카쿠는 청나라가 일본에게 할양한 바 있었던 대만과 평후제도에 속하지 않는다. 따라서 센카쿠를 중국에 돌려주어야 할 하등의 근거가 없다.

셋째, 1952년 샌프란시스코 조약 제2조에 의하더라도 센카쿠는 일본이 패전 후 포기한 영토에 포함되지 않는다. 또한 동조약 제3조를 보더라도 미국의 군정 관할지역인 류큐군도 등 '서남제도'에 포함되지 않는다. 따라서 1971년 미일 오키나와반환협정에 근거하여 센카쿠의 영유권은 일본으로 합법적으로 반환되었다.

넷째, 중국과 대만은 전쟁 후에 단 한 번도 센카쿠 영유권에 이의를 제기하지 않다가 1970년 석유가 발견된 후에야 센카쿠의 영유권을 주장하기 시작하였다.

이에 맞선 중국의 주장은 이렇다.

첫째, 각종 고문서와 고지도에 근거하면 센카쿠는 명나라 시절부터 중국의 고유영토였으며 500여 년 동안 중국의 사신과 상인들이 류큐왕국 및 왜국으로 항해할 시 경유지로 이용되어 왔다.

둘째, 센카쿠는 16세기 중반 중국 해안으로 침투하는 일본 해적을 방위하기 위한 중국의 해안방위 범주 내에 있다.

셋째, 센카쿠는 중국 한약재의 주요 공급 원산지였다.

넷째, 센카쿠는 류큐가 아닌 대만의 부속도서의 하나로서 청일전쟁 패전으로 대만과 함께 덤으로 일본에 강제 할양되었으니 이제 중국에 되돌려주어야 한다.

센카쿠 영유권 논전에서 중국 측이 즐겨 사용해 왔던 무기는 주로 역사적 근거 특히, 근대 이전의 해묵은 문헌 고찰에 편중되어 있던 반면, 현대 국제사회의 논전에서 약발이 가장 강력한 국제법적 공세는 거의 없었다. 제아무리 역사의 쓰레기통에서든지 어디서든지 주워다가 잘도 가져다 붙이는 데 도통한 중국이라지만 사람의 그림자도 없었던 무인도에 역사의 발자취를 찾아내기란 참으로 난처하고 궁색한 일이 아닐 수 없었으리라.

중국이 확 변했다

센카쿠 영유권 중-일 간 논전에서 나는 창과 방패가 전도된 착시현상을 겪어왔다. 센카쿠를 실효적으로 지배하고 있어 수비자 격인 일본이 든 방패는 창처럼 날카로운 데 반하여 공격자 중국이 치켜들었던 창은, 창이 아니라 방패처럼 둔탁하고 펀펀한 모양으로 혹시 방패를 창으로 잘못 알고 들고 있는 것이 아닌가 하는 착각마저 들 정도로 뻘쭘한 중국의 모습이었다.

그러던 중국이 2006년 말 후진타오의 해양대국 선언 이후 확 바뀌었다. 중국은 아닌 밤중에 홍두깨처럼 느닷없는 언사들을 신기전의 다연발 불화살처럼 마구 쏘아대기 시작했다.

"그렇다. 일본 말이 맞다. 센카쿠는 대만의 부속도서가 아니라 류큐에 속한다. 그러나 류큐왕국은 원래 중국의 속국으로서 류큐군도 전부를 일본이 불법 점령한 것이다. 미국의 센카쿠를 포함한 오키나와 반환은 중국 영토에 대한 미일 간의 불법적인 밀실 거래이다."

심지어 중국의 일부 관방학자들은 "류큐군도 140여 개 전부를 중국에 돌려주어야만 한다"는 난폭한 직사포형 말발을 날리기도 하였다. 그런가 하면 21세기 중국을 대표하는 한 모사는 완곡한 곡사포형 논리를 펼치고 있다. "일본이 애당초 센카쿠를 류큐에 속한다고 주장한 의도는 중국을 자극하여 센카쿠가 일본의 류큐에 속하지 않는다는 것을 증명하기 위한 것이다. 기왕 일본이 센카쿠가 류큐에 속한다고 하는데 중국이 극력 센카쿠가 류큐에 속하지 않고 대만의 부속도서에 속한다고 강변하는 것이야말로 류큐가 일본에 속한다는 것을 간접적으로 증명하는 것이 아닌가. 이는 중국 정부가 일본의 류큐 점령을 승인하도록 하는 일본의 속임수에 빠져드는 것이 아닌가."

일본은 경악했다

센카쿠의 점 하나가 아닌, 류큐의 면 전체를 돌려달라니. 일본 전체 해역의 30%가 넘는 류큐 해역을 몽땅 돌려달라니. 일본은 경악했다. 내가 2006년부터 약 2~3년간 일본 측 반응을 조사해 본 결과, 초기에는 너무 놀라서 정신을 추스를 시간을 벌 셈이었던가, 아니면 '요즘 돈깨나 벌었다고 미쳤나 저게' 하는 식이었던가, 별다른 반응이 없었다. 일본은 중국의 일부 과격파의 일회성이겠거니 무시작전으로 그냥 지나치려고 했는데 그럴 수만은 없었다. 중국 측의 류큐 관련 발언 빈도와 강도와 정확성은 갈수록 잦아지고 강력해지고 날카로워졌기 때문이다.

중국은 마치 역사 교과서만 펼쳐들고 어눌한 논전을 펼쳐왔던 고등학생에서 정치, 경제, 사회, 문화, 과학기술, 역사지리와 국제법, 중국법, 일본법 등등 모든 분야에 통달한 '걸어 다니는 백과사전' 또는 세계적 석학이자 노련한 달변가로 변신해버린 것 같다.

중국이 2007년부터 들고 있는 국제법적 주요 논거 3가지만 들고자 한다.

첫째, 1946년 2월 2일, 맥아더 일본점령군 최고사령관의 명의로 발표한

성명에서 일본 정부의 행정구역은 혼슈우, 규슈, 시코쿠, 홋카이도 등 일본 4대 섬 및 북위 30도 이북의 1천여 개의 일본열도의 부속도서로 국한한다고 했다. 따라서 북위 30도 이남의 류큐는 일본에 속하지 않는다.

둘째, 1946년 11월 미국은 유엔에 류큐를 미국의 신탁통치 지역으로 설정해 줄 것을 요구하였고 이에 유엔 안전보장이사회는 1947년 4월 2일 미국의 제안을 승인하여 일본 신탁통치도서에 관한 결정을 공포하였다. 즉 류큐는 유엔헌장에 의하여 제2차 세계대전의 결과물로서 적국으로부터 분리된 지역이다. 따라서 일본의 류큐에 대한 점유권은 국제법에 의하여 박탈되었다.

셋째, 유엔 헌장 제78조는 유엔 회원국의 영토는 신탁통치제도를 적용하지 않는다고 규정하고 있다. 류큐가 신탁통치를 받는다는 사실은 즉 류큐가 일본 영토가 아니라는 증거이다. 유엔 헌장 제79조, 제83조, 제85조도 신탁통치하의 영토의 관할에 관한 변경 및 그 조항의 개정에는 반드시 안전보장이사회 또는 유엔 총회의 승인을 받도록 하여야 한다고 규정하였다. 따라서 이러한 유엔 헌장상의 규정을 이행하지 않은 미-일 간의 오키나와반환조약은 국제법 위반으로 무효이다.

21-2 류큐 독립 관련 각종 서적.

'류큐공정' 개봉 박두

2010년 9월 7일 센카쿠 부근에서 일본 해상보안청 순시선과 중국 어선이 충돌하는 사건이 발생했다. 당시 중-일 간의 팽팽한 긴장감이 감도는 가운데 센카쿠 열도에 대한 일본 정부의 대응이 국내 여론으로부터 질타를 받으며, 외교 실패로 규정되는 등 심각한 우려의 표출로 이어졌다. 중국 측은 결국 센카쿠에 대한 중국의 강력한 대응에 일본이 무릎을 꿇는 식의 외교적 승리를 이뤄내었다.

그리하여 나는 더욱 기세등등해진 중국이 요즘은 어떤 궁리를 하고 있을까 궁금하여 류큐와 관련한 최근 1년여 간의 중국 측의 온-오프라인 자료를 열람하다가 깜짝 놀랐다. 류큐군도를 몽땅 중국에 돌려달라는 우악스러운 난폭성 논조들은 잦아들었다. 그것들이 떠나고 남은 자리에 그득히 들어찬 '유구독립(琉球獨立)'이라는 키워드, 그 수량의 폭증과 품질의 급성장에 숨이 막힌다.

1년 사이에 4배가량 늘었다. 하나같이 논리 정연한 문장들이다. 주지하다시피 권위적 개발 독재정 체제인 중국 정부(사회주의가 절대 아니다. 자본주의 개발 독재정이다) 체제는 인터넷을 완벽하게 통제하고 있다. 음란물은 어느 정도 허용할 수 있지만 중국의 국정 목표, 국가 정책에 반하는 글은 단 한 단어도, 단 1초도 게재될 수 없다. 인터넷 사이트에 올려진, 그것도 메인페이지에 오른 글들은 중국 정부에 의해 공인된 글로서 세계 최다에 달하는 6억 중국 네티즌들에게 홍보하는 중국 정부 정책 선전물이나 다름없다.

또한 최근 1~2년간 중국 내 류큐 관련 전문서적은 5권이 출판되었고 수십 편의 학술논문들이 각종 학술지에 게재되고 있다. 《인민일보》의 자매지인 《환구시보》는 물론, 수천 종에 달하는 중국의 온-오프라인 매체에서 '류큐'는 인기 일일연속극의 주인공처럼 각광을 받고 있다.

그리고 중국은 베이징, 상하이를 비롯한 도시의 가판대에서 군사 관련

21-3 류큐공화국의 국기, 삼성천양기(三星天洋旗).

월간 전문잡지 10여 종이 팔리고 있다. 믿지 어려운 사실이지만 해군함정과 해군무기만 전문으로 다루는 월간지도 불타나게 팔리고 있다. 손이 가는 대로 펼쳐보면 류큐 관련 기사가 '나 여기 또 있지' 하며 등장한다.

일제의 강요에 의한 수십만 류큐인의 집단자결과 대학살사건의 비극, 이른바 '일본의 국내 식민지'로서 서러움 받는 류큐인의 처지, 류큐 독립을 외치는 류큐인들의 아우성, '류큐독립당'을 위시한 류큐 독립운동 전개현황 등은 신선한 지적 충격으로 다가왔다. 그러나 류규 독립에 대한 중국의 적극 개입 내지 원격조정 로드맵, 오키나와 주둔 미군의 철수 유도전략, 류큐 독립 이후 중국의 위성국화, 이에 일본이 저항할 경우 즉각 함대를 파견하여 류큐를 무력으로 정복하는 시나리오 등의 글들에 이르러서는 온몸에 소름이 돋았다. 동중국해에서 '류큐공정'이라는 초대형 괴물을 보고야 말았다.

22. 22만 명을 집단자살시킨 도마뱀 일본의 꼬리 자르기
—오키나와 잔혹사

최고 전범은 히로히토 일왕

꼬리를 자르고 도망가는 도마뱀을 본 적이 있는가. 도마뱀은 위험에 부딪치면 꼬리를 흔들어 적을 유인한 다음, 꼬리를 잘라 적이 당황하는 동안에 도망쳐 숨는다. 1945~1951년의 시간과 서태평양의 공간이 교차하는 접점에서, 나는 일본은 도마뱀, 류큐는 도마뱀 꼬리, 미국은 대머리독수리(미국의 상징) 같다는 생각이 든다.

1945년 2월 10일 일본의 패색이 짙어진 가운데 어전회의가 열렸다. 일왕과 군부 및 내각은 이미 전세가 돌이킬 수 없는 지경에 이르렀음을 알고 있었다. 고노에 총리는 히로히토 일왕에게 진언했다.

"이제 일본의 패전은 불가피하기 때문에 화평의 결단을 해야 합니다."

그러자 일왕은 "그것은 다시 한 번 전과를 올린 후에 해도 늦지 않지 않겠는가?"라고 반문하면서 항복을 거부하였다.

일본은 류큐를 단지 미군의 본토 상륙을 최대한 늦추고 군국주의 천황 체제를 보존할 수 있는 시간을 벌기 위한 버리는 돌, 사석(捨石) 내지 도마뱀 꼬리로 취급했다. 일본은 일본 본토 방위의 준비가 완료될 때까지 오키나와 본섬의 요미칸, 차탄에 비행장을 만들고 미국과의 일전에 대비하였다. 때문에 미군 입장에서는 오키나와를 점령해야 일본 본토 침공의 발진 기지를 확보할 수 있었다.

1945년 3월 26일 새벽, 미군은 오키나와 본섬 동쪽의 작은 섬 게라마에 발을 디뎠다. 미―일 간 최대 지상전이 시작된 것이다. 4월 1일에는 오키나와 본섬 동해안에 상륙했다. 그로부터 약 3개월간 거대 병력 54만 명의 미군이 류큐의 왕성 옛터에 투입되었다. 이에 비해 일본 황군의 병력은 겨우 6만여 명, 일제는 부족한 병력을 채우기 위하여 만 14세에서 70세까지의 오키나와 남성과 여학생을 전쟁에 강제 동원했다. 하지만 '철의 폭풍 (鐵の暴風)'이라 불리는 이 전투는 처음부터 일본군에게 승산이 없는 무모한 전투였다.

세계 역사상 유례를 찾을 수 없을 정도로 격렬하고 비참했던 오키나와 전투. 희생자 총 30여만

22-1 오키나와 결전 최후의 땅, 마부니 언덕에 있는 평화의 공원. 14만 8136명의 류큐인, 7만 4796명의 일본 본토인과 기타 일본 식민지인, 1만 4005명의 미국국적인, 82명의 영국국적인, 28명의 대만국적인, 82명의 북한국적인, 189명의 한국국적인 등 모두 23만 7318명의 전몰자 이름이 새겨져 있다.

명 중 류큐 주민이 22만여 명, 미군이 약 1만 2천 명, 일본군이 약 5만 5천 명, 징용이나 종군위안부로 끌려온 한국인 약 1만 명으로, 군인보다 류큐 민간인 사상자가 훨씬 많았다.

전세가 불리해진 일본군은 류큐 주민들에게 "항복하면 미군이 여자는 강간한 후 죽이고 남자는 사지를 잘라 처참하게 죽인다"고 거짓 정보를 흘리며 집단자결할 것을 강요했다. 집단자결에는 주로 수류탄이 동원되었고 쥐약과 청산가리 같은 독약이나 돌, 낫과 곡괭이, 식칼 등 온갖 도구들이 이용되었다.

부모가 자식을 죽이고 스스로 목숨을 끊는 끔찍한 비극이 벌어졌다. 결국 약 22만 명의 류큐 민간인이 이른바 옥쇄작전으로 미화된 강요에 의해 집단자결하거나 학살당하였다. 이 숫자는 당시 류큐 인구의 3분의 1 이상에 해당한다. 나치 독일의 유태인 대학살에 버금가는, 30만 남경대학살에 맞먹는, 그러나 그것들보다 잘 알려져 있지 않은 이른바 '류큐인 대학살 사건'이었다.

1945년 2월 어전회의 당시 일왕이 총리의 진언을 받아들여 항복 결단을 하였더라면, 수십만 류큐 주민의 참혹한 희생도 히로시마와 나가사키의 원폭 투하도 없었을 것이다. 최고 전범은 다름 아닌 히로히토 일왕이다. '천황'의 어명으로 전쟁이 수행되었고 '천황 만세'를 외치며 앳된 병사들이 죽어갔다.

미·중·소·한국이 일본을 분할통치?

1945년 8월 15일 일본이 항복했다. 그 후에도 미군은 오키나와 본도뿐만 아니라 그해 12월 류큐군도 남부의 미야코, 아에야마 제도를 점령하여

군정을 실시했다. 이듬해 1월에는 류큐군도 북부인 아마미와, 오시마 제도에 진주했다. 미군은 승자의 군대, 즉 점령군으로서 류큐군도를 일본 본토에서 분리시키고 이곳에 눌러 앉았다.

1948년 2월 히로히토 일왕은 맥아더 점령군 총사령관에게 오키나와에 대한 메시지를 보낸다. 미국이 오키나와의 주권을 일본에 남겨두고, 조차하는 형식으로 25년 내지 50년 또는 그 이상 장기간 오키나와를 지배하는 것은 미국의 이익이 될 뿐만 아니라 일본의 이익도 된다는 메시지를 극동사령부에 전달하였다.

1950년 한국전쟁이 발발했을 때 오키나와 내 미군기지가 전후 처음으로 타국 공격의 출격기지로 사용되었고, 이후 류큐는 태평양의 키스톤으로 불리며 전략 요충지로서의 중요성이 부각되었다. 1951년 샌프란시스코에서 전후 처리를 두고 미국과 일본이 강화조약을 맺었는데, 그 안에는 류큐를 미국에게 주고 일본은 독립국으로서 지위를 회복한다는 조건이 있었다.

결국 도마뱀 일본은 도마뱀 꼬리 류큐군도를 잘라서 대머리독수리 미국에 내어준 덕분에 몸체를 온전히 보전하게 되었다. 패전 후 미, 영, 불, 소 4개국의 점령지로 변해 국토가 거열형에 처해져 사지가 찢겨진 마냥 처참하게 전쟁 도발 죄에 대한 대가를 치른 독일과 비교한다면 일본은 저지른 만행에 비해 지나치게 가벼운 형벌을 받았다는 느낌을 지울 수 없다. 전범국인 일본은 통일된 자유 국가로 남고, 식민지로 질곡의 세월을 겪어야 했던 한반도는 갈라져 지금까지도 남북으로 대치하고 있으니 말이다.

2010년도 중국 10대 슈퍼블로거로 선정된 차이(蔡)모 푸저우(福州) 대학 교수는 태평양전쟁이 조금만 더 늦게 종전되었더라면 일본 본토는 미, 중, 소, 한국 4개국에 의해 4분 되고, 이들 4개국에 의한 분할 통치를 받았을 것이라는 만화 같은 분석을 내놓고 있다.

차이 교수는 일본 본토가 마침 4개의 큰 섬으로 구성되어 있어 혼슈는 미국이, 시코쿠(류큐 포함)는 중국이, 홋카이도는 소련이, 규슈는 한국이 사이좋게 갈라 먹기가 독일보다 훨씬 편리하였을 것이라는, 일본이 들으면 도저히 그냥 넘어갈 수 없는 고약한 독설을 내뱉고 있다. 또 이러한 독설들이 지금 중국의 대표 포털사이트 메인페이지에 버젓이 걸려 있다.

류큐의 다음 차례는 슬픔이었다

일본을 추방하고 류큐의 새 주인이 된 미국은 류큐인에게 많은 자치권을 주었다. 미군정은 의식적으로 '오키나와'란 일본식 용어 대신에 원래의 '류큐'를 쓰길 장려했으며 일왕의 연호 사용을 금지했다. 류큐인은 일정기간의 자치 뒤에는 독립할 수 있다는 희망에 부풀었다.

1962년 사모아 독립에 이어, 1970년 피지와 통가 등 류큐보다 면적이 작고 인구가 적고 역사도 일천한 태평양상의 여러 군도들이 속속들이 독립국이 되어갈 무렵 '다음 차례는 우리겠지' 하며 류큐인의 꿈은 금방 이루어질 것 같았다.

22-2 일본 교과서 왜곡을 규탄하며 류큐 독립을 외치는 오키나와 주민.

그래서 1970년 7월 류큐 토박이인 다케히코(武彦)를 중심으로 한 류큐의 독립지사들은 일본제국에 무력 점령되었던 옛 류큐왕국을 류큐공화국(琉球共和國, Republic of the Ryukyus)으로 되살려 명실상부한 독립국 수립을 최고 강령으로 하는 '류큐독립당'을 창당하였다.

그러나 '류큐의 다음 차례'는 아름다운 것이 아니었다. 슬픔이었다. 류큐인의 부푼 꿈은 무너졌다. 1972년 5월 15일, 미국의 일본에 대한 오키나와 반환은 류큐인에게는 청천벽력이었다. 그 후 류큐는 다시 '오키나와'로 불리게 되었고 일본 본토에서 오키나와로 가던 국제선은 국내선이 되었으며, 미국식으로 우측에서 달리던 차량은 일본식으로 좌측에서 달리게 되었다.

류큐왕국으로부터 주어진 평화로운 삶은 이미 오래전부터 누릴 수 없게 되었다. 그리고 그 고통의 무게만큼, 잃어버린 것에 대한 향수가 커졌다. 즉 비무장 평화−해상무역 왕국의 이미지는 일본이 류큐인들의 생활에 끼쳐온 거대한 중압감의 또 다른 표현이라고 할 수 있다.

일본에 대한 반감은 류큐인들의 히노마루(일본의 국기), 기미가요(일본의 국가)에 대한 태도에서 표출된다. 일본에 반환된 이후에 류큐에서 히노마루와 기미가요에 대한 거부가 광범위하게 나타나고 있다. 더욱이 1987년에는 오키나와에서 개최된 전국체전의 소프트볼 개회식장에서 지역주민이 게양대에 걸려 있던 히노마루를 끌어내려 소각한 사건이 일어나기도 했다.

류큐인들의 대부분은 자신을 일본 정부에 의해 여러 차례 희생양으로 이용되었던 경험 때문에 여전히 독특한 류큐의 정체성을 형성하고 있다. 오늘날 류큐인들은 일본어는 사용하지만 자신들의 언어인 우나나 구치를 포기하지 않았다. 류큐어를 일본인들이 그리고 일본어를 류큐인들이 이해할 수 없다는 사실에서 알 수 있듯이, 일본과 류큐인들 사이의 문화적 차이는 류큐가 독자적 국가를 형성할 수 있을 만큼 충분히 크다.

2006년 류큐독립당 당수 야라 조스케(屋良朝助)는 당명을 류큐어로 행복, 자연과의 조화를 뜻하는 가리유시 클럽(かりゆしクラブ)으로 개칭하였다. 그리고 "미-일제국주의의 공동지배를 철폐하고 완전독립주권을 건국한다." "일본 정부는 300억 달러의 전쟁배상금을 류큐인에게 지불하여야 한다" 등의 모두 3개 장, 23개 조로 구성된 당헌을 제정하였다.

그 무렵 대만의 지룽(基隆)을 거점으로 '류큐 독립'을 내걸고 활동하고 있는, 류큐혁명동지회와 류큐독립협회는 다음과 같은 6대 강령을 반포하였다.

1. 류큐인은 일본의 류큐 식민통치를 더 이상 용인해서는 안 된다.

2. 류큐는 유구한 역사의 자주독립의 평화애호 왕국이었다.

3. 류큐의 주권을 회복하고 전체 류큐군도에 대한 영토의 완전성을 회복하여야 한다.

4. 류큐공화국 임시정부를 수립하여야 한다.

5. 류큐 독립 후 채택하는 정치제도는 류큐인의 염원을 반영하여야 한다.

6. 어떠한 개인, 단체, 당파, 국가도 류큐 독립을 저해하는 언행을 할 수 없다.

이 밖에도 '류큐독립운동 지하본부', '류큐코 선주민족회(先住民族會)' 등 사회단체들도 미국이나 일본으로의 편입이 아닌, 류큐공화국이란 한 국가로서의 독립국가를 주장하였고, 현재도 진행 중이다.

2005년 국립 류큐대학 린첸중(林泉忠) 교수(동경대학 법학박사) 팀이 18세 이상의 류큐인에게 실시한 설문조사 결과에 따르면 질문에 답한 1,029명의 류큐인 중 40.6%의 류큐인은 자신이 류큐인이며 일본인이 아니라고 하였다. 21%만 일본인이라고 생각하고 있다고 답했으며 24.9%의 사람은 류큐 독립운동을 지지한다고 답했다. 2006년 류큐인을 대상으로 한 또 다른 설문조사에서 75%가량은 주민투표를 통한 류큐 독립을, 25% 가량은 독립에는 반대하나 자치의 확대를 찬성하는 것으로 드러났다.

11만여 명에 달하는 류큐인들은 2007년 9월 29일, 오키나와 기노완 시 해변공원에 집결하여 류큐 독립을 외치는 궐기대회를 개최하였다. 그들은 일본 문부과학성이 심의한 역사교과서에 제2차 세계대전 시 일본군이 류큐인에게 강제로 집단자살을 하게 한 내용을 삭제한 과거사 은폐에 대해 강력히 규탄하였다.

일 총리, 류큐를 독립시켜 버리자

비단 류큐에서뿐만 아니다. 류큐 차별과 류큐 독립의 핫이슈는 일본 본토의 각계에서도 꾸준히 거론되어 왔다. 1978년 일본인 나까무라(中村) 교수는 류큐의 일본에 대한 경제예속관계 등 구체적 지표를 들어 류큐가 '국내 식민지'라는 결론을 내렸다. 일본은 류큐인의 정서를 전혀 위무하지 않고 류큐인을 '천민'으로 천시하며 류큐에 잔혹한 식민통치를 자행하고 있다고 주장했다.

1982년 일본인 야마자끼(山崎) 교수도 국내 식민지론에 대한 구체적 해석을 더했다. 즉 류큐는 국가 내의 종속지역으로서 착취, 약탈, 압제, 소외, 멸시 등 5중고에 시달리고 있는데도 일본정부는 류큐 문제의 본질인 국가침략과 민족박해 등 주요 모순에 대한 해결을 외면하고 있다고 질타한 바 있다. 실제로 2010년 말 현재, 오키나와 현은 일본 47개 현 가운데 가장 넓은 면적(바다면적 포함)을 차지하고 있지만 소득 수준은 최하위권에 머물고 있다.

1997년 2월 13일, 일본 중의원 예산심사회의에서 류큐 출신 중의원 한 사람이 당시 하시모토 총리에게 류큐는 모욕과 착취를 당할 만큼 당해왔고 더 이상 참을 수 없으니 이제 류큐왕국을 부활시키거나 차라리 류큐를 독립시켜 줄 것을 공식 요구했다.

더구나 2009년 일본 본토 출신 민주당 참의원 중 한 사람은《오키나와의 자기 결정권—지구의 눈물에 무지개가 걸릴 때까지》라는 책을 펴내면서 중국이 류큐에 대한 권리를 공식적으로 요구하기 전에 일본은 류큐 독립을 위한 준비를 해야 한다고 주장하였다.

압권은 간 나오토(菅直人) 일본 직전 총리의 발언이다. 2009년 9월 그가 부총리 겸 국가전략상을 맡고 있을 때 한 참의원에게 류큐의 강력한 반미 반일 정서와 후텐마 기지이전 등 현안에 대해 이렇게 토로했다.

"기지 문제는 속수무책이다. 우리가 어떻게 해도 미국인도 류큐인도 만족시킬 수 없다. 아싸리(あつさり) 류큐를 독립시켜 버리는 게 좋다."

22-3 류큐 독립을 외치는 류큐 주민. 2009년 9월 29일 오키나와 기노완 시 해변공원.

간 나오토의 발언은 일본의 우익분자들에게는 중국 간첩이자 매국노라는 비난의 돌팔매가 되었으나 중국에게는 '류큐공정'이라는 도화선에 불을 붙이는 기폭제가 되었다.

동북공정의 해적판, 류큐공정

제1세대 마오쩌둥에서 제4세대 후진타오 전반 집권기까지의 중국의 팽창전략 범위는 대부분 청나라 말엽 당시의 국경 내로 국한되어 왔다. 이때까지 동북공정(초기)을 비롯한 서남공정, 서북공정 등은 중국의 국경 안에서 전개된 모든 역사를 중국의 역사로 편입하려는 연구 프로젝트였다. 그런데 2006년 12월 후진타오 중국 국가주석이 '중국의 해양대국화'를 선포한 이후부터는 중국의 팽창전략 범위가 중국 국경 밖의 바다와 섬과 반도로까지 향하고 있어 탈이다.

최근 중국은 자신의 영역을 이른바 조공국 관계였던 류큐군도와 제주−이어도 해역, 북한지역으로까지 확장시키려는 움직임이 갈수록 도드라지고 있을 뿐만 아니라 국제 상황을 자국에게 유리하도록 바꾸어 보려는 전략적 공세를 백열화하고 있다.

류큐공정은 동북공정의 초기 단계처럼 중국과 류큐 간의 역사·문화관계를 중점적으로 연구하여 류큐를 우선 역사·문화적으로 편입시키려고 하고 있다. 이를테면 2010년 중국국가사회과학기금 프로젝트의 일환으로 중국 해군의 직속기관인 '해군출판사'에서 "중국−류큐 관계 연구 총서"의 발행을 시작하였다.

이 총서는《중국−류큐 관계 사료연구》,《중국−류큐 문화교류사》,《중국−류큐 역사관계 및 문헌연구논고》,《복건인과 류큐》,《명청시대 사대부와 류큐》,《명청시대 중국–류큐 우호관계역사》,《청대 류큐 사신 조공활동보고》,《청대 중국–류큐 관계 연구》,《중국–류큐 희곡비교연구》,《류큐–무기가 없는 나라》,《류큐왕국 흥망사》,《고대중국 교육체제하의 류큐 유학생》,《명청시대 중국–류큐 교류 중의 중국 전통섭외제도》 등 모두 13권의 방대한 서집으로 구성되어 있다.

총서 중 제1권《중국–류큐 관계 사료연구》를 펼쳐보면 다음과 같은 내용이 주를 이룬다.

정치, 경제, 문화, 사상, 풍속 등 류큐의 모든 전통들은 중국으로부터 오지 않는 것이 없다. 혈통으로 말하자면, 중국 푸젠 지방에서 이주한 36개 대성의 자손이 류큐 인구의 과반을 차지하고 있으며 나머지가 한반도와 동남아에서 온 이주민이며 일본 본토에서 건너온 이주민의 비율은 극소수이다. 류큐 방언은 일본어보다는 중국의 푸젠 남부지방 방언인 민난어와 유사한 점이 많다. 실제로 일본어와 류큐 방언은 마치 프랑스어와 스페인어가 다른 만큼 다르다.

류큐인의 과반수는 중국말에 가까운 류큐 방언을 쓰는 중국 혈통이기에 류큐인은 중국의 동포나 마찬가지다. 그러한 류큐 동포가 고통을 받고 있는데 중국은 강 건너 불구경하듯 하면 안 된다.

류큐어로 엄마는 '암마'이다

그렇게 따지면 류큐는 우리나라와도 닮은 부분이 많다. 자국이 삼한(三韓)의 빼어남을 모았다며 동북아 3국 중 조선을 유난히 따랐던 류큐왕국이 아니던가. 일례로 류큐어로 엄마는 '암마'라고 한다. 일본은 돼지고기를 구워먹는 문화가 없지만 류큐는 한국과 같이 삼겹살 구이를 좋아하고 일본의 가부키는 얼굴에 화장을 하고 춤을 추지만 류큐는 우리의 안동하회탈과 유사한 탈을 쓰고 추는 탈춤을 즐긴다.

더구나 류큐 사람들은 한국처럼 친족들이 공동으로 묻히는 문중묘도 있고 문중묘를 책임지는 종갓집 장자의 역할을 아주 중시한다. 한식날 친족들은 모두 문중묘에 모여 벌초를 하는데 이는 대부분 화장이 장례습속인 일본 본토에서는 상상하기 어려운 장면이다. 우리나라의 벌초와 매우 비슷해 더욱 친근감이 느껴진다.

《홍길동전》의 홍길동은 류큐왕국의 혁명 선구자로 추앙받고 있는 아에야마 제도 이시가키 섬의 아카하치와 동일인이라는 설이 있다. 아카하치는 홍가와라(洪家王)라고도 불리었는데, 홍가와라가 홍길동이라는 분석이다.

그리고 고려시대의 삼별초가 제주도를 탈출, 오키나와 본섬의 남쪽 우라소에 성(浦添城)으로 가서 류큐왕국의 기초를 다졌다는 연구도 있다.* 2009년 12월 1일 오키나와 시립극장에서는 〈고국의 고려전사 삼별초〉가 공연됐다. 실제로 류큐에서는 고려의 기와 양식과 문양이 동일한 기와가 발견되고 있고, 조선식 산성과 초가집, 칠기, 도자기 등 유적과 유물들이 다수 발견되고 있다.

• '삼별초 오키나와로 갔는가' 〈KBS 역사추적〉 2009년 4월 20일 방송 참조.

23. 중국, '제주-이어도 점령이 제일 쉬웠어요'

—경계 너머로 진격하는 중화제국

중국이라는 이름의 황색 항공모함이 연청색(light blue) 바다에서 감청색(navy blue)바다로 향진하고 있다. 연안 방위를 임무로 했던 중국 해군은 대양해군으로 치닫고 있다. 중국은 발해와 동중국해*와 남중국해를 내해로, 배타적 경제수역(EEZ)을 영해로 여긴다. 이는 중국이 배타적 경제수역 내에 있는 이어도 해역을 자국 영해라고 주장하고 있는 근거이다.

2003년 우리나라가 이어도 해양과학기지를 완공한 뒤 중국이 본격적으로 분쟁지역화를 시도한 것에서부터 2011년 여름 수차례 중국 해양경비정단이 이어도에 나타나 "허가 없이 중국 영해에서 인양작업을 하고 있

• 중국은 흔히 '동중국해'를 '동해'로 약칭한다. 중국이 우리나라 동해를 '일본해'로 표기하는 까닭은 중국이 일본 편을 들려는 것이 아니라 우리나라의 동해와 자국의 '동중국해(동해)'를 구별하기 위한 것이다. 동해 표기 문제에 중국의 협조를 끌어내기 위해서는 '동해'를 '동한국해'로 표기하는 방안도 검토해 볼 필요가 있다고 생각한다.

23-1 동중국해상의 중국 항공모함 바랴그
(2011. 11. 29).

다"면서 즉각 중단할 것을 요구하고 있는 이유 또한 이에 기인한다.

류큐공정의 궁극적 목표는 북으로는 제주−이어도 해역에서 남으로는 센카쿠에 이르는 류큐 해역을 포함한 동중국해를 중국의 내해로 만드는 것이다. 앞서의 서남, 서북, 동북공정들과는 달리, 류큐공정은 중국의 무장력, 특히 중국 해군이 처음부터 전면에 나서 진두지휘를 한다는 대목에 각별한 주의를 기울여야 할 것이다.

왜란과 호란 직전을 방불케 하는 주변 정세

2010년 9월 센카쿠 해상에서 발생한 중−일 선박 충돌사건은 21세기 해양패권전의 전초전이자 전환점이다. 이 사건을 계기로 중국 해군의 주요 훈련장소는 발해와 황해에서 동중국해와 태평양으로 바뀌었다. 대륙을 칭칭 동여매고 있던 류큐 체인을 돌파하기 시작한 것이다.

2011년 8월 첫 출항에 나섰던 중국의 항공모함이 11월 29일 두 번째 출항에 나섰다. 중국 함정 6척은 11월 22~23일 류큐의 오키나와 섬과 미야코 섬 사이 공해를 통과해 태평양으로 진출하였다. 2011년 6월에도 중국 동해함대 군함 11척이 서태평양에서 역대 최대 규모의 훈련을 벌이기 위해 류큐 해역을 관통한 바 있다.

2011년 10월 20일, 후진타오 중국 중앙군사위주석 겸 국가주석은 중국

군수공장 건설 80주년 기념식에 보낸 축하 메시지에 무기 연구와 생산에 있어 질과 효율성을 한층 높여 달라고 군수산업 관계자들에게 지시했다.

일본열도의 최전선도 홋카이도에서 류큐로 이동하고 있다. 홋카이도 주둔 자위대 제7사단 정예 병력을 빼내 류큐의 요나구니(與那國) 섬과 미야코 섬, 이시가키(石垣) 섬에 상주시키고 최첨단 레이더를 설치하였다. 2011년 11월 23일 일본의 겐바 고이치로 외무상은 중국을 방문해 동중국해 영유권 분쟁의 긴장을 낮추기 위한 중-일 해상위기관리 기구 설립과 핫라인 개설을 제의하였다.

미국의 해양패권은 심각한 도전을 받고 있다. 특히 동중국해와 류큐 해역에서 그렇다. 비록 미국은 최근 호주 다윈에 미 해병대 2,500명을 주둔시키기로 하고 호주, 베트남, 필리핀과 남중국해에서 군사훈련을 진행하였으나 그곳들은 어디까지나 서태평양의 외곽이다.

서태평양에서의 영향력 유지와 회복을 위한 미국의 움직임은 서태평양의 광활함에 사위어 그 범위가 모호하다. 내해인 동중국해와 류큐 해역 방위에는 한마디로 역불종심(力不從心), 힘이 마음을 따라가지 못한다. 대규모 재정적자에 따른 국방비 삭감으로 신규 투자가 어렵다. 세계경제 질서 개편에 이은 해양 질서의 재편은 불가피해 보인다.

제주-이어도 해역을 둘러싼 주변 상황이 이처럼 전시상태를 방불케 할 정도로 긴박하게 돌아가는 이때, 한국의 해양 인식과 대응 태세는 임진왜란과 병자호란 직전만큼 우왕좌왕하고 지리멸렬하다.

이어도의 중국 기점은 해군기지 '서산다오'

가령 우리나라 지도층 인사들이 독도를 다케시마로, 동해를 일본해로 부른다면 우리 국민들은 어떻게 할 것인가? 이런 '가령' 같은 일이 이어도 문제에서 실제로 벌어지고 있다. 중국이 우리나라를 얼마나 비웃고 있을지 생각조차 하기 싫은 일이 발생하고 있다.

국가 간 영토분쟁에서 지리 표기는 한 치의 오류도 불허하는 절체절명의 필지 사항이다. 그런데도 이어도의 중국 기점이 초소형 바위섬에서 군함으로 득시글한 해군기지로 이동한 지 언제인데, 우리나라 각계 인사 다수는 아직도 "이어도는 제주 남단 마라도에서 149km, 중국 퉁다오(童島)에서 247km에 위치한다"는 식의 자멸적 오류를 남발하고 있다.

그것이 국가안보와 국토수호에 얼마나 치명적 악영향을 미치는지, 또한 기점 표시 하나가 얼마나 중요한 것인지에 대한 이해를 돕기 위해 그간의 경위를 간략하게 설명하고자 한다. 2008년 초 나는 '한중해양경계획정'과 관련한 논문을 준비하면서 이어도의 중국 기점 표시, 즉 '퉁다오'에 심각한 오류가 있음을 발견했다. 그해 9월 나는 "이어도 기점 표시 실수 한국 측에서 한 듯"이라는 의문을 인터넷 신문 《데일리안》에 최초 제기했다.

이후 더 세밀하고 심도 있는 연구 끝에 그해 10월 국회에서 열린 세미나에서 "열람 또는 접촉 가능한 모든 중국 측 온-오프라인상의 이어도 관련 자료(중국 해양법학계 최고 권위자인 高之國의 논문 포함)를 전수 분석 검토한 결과 '서산다오'가 기점"이라는 사실을 밝혔다.

아울러 기존의 중간선보다 중국 측으로 21㎞나 더 우리 바다를 확대시켜 이어도의 관할권 확보는 물론 한국에 더욱 유리하게 광대한 해역(약 +2~3만㎢ 해양) 확보를 주장할 수 있는 근거가 마련되었다는 견해를 제시하였다.

한편 수년 전부터 중국 측이 '서산다오'를 이어도의 기점으로 표시했으며 이런 사실조차 인식하지 못한 채 우리 측 언론이나 이어도 전문 사이트 지도에도 '퉁다오'로 잘못 게재해 온 점은 해양법적 차원은 물론 국가 이익에도 반하는 그 어떤 합리적 변설의 여지가 없는 명백한 오류라고 판단하여 강하게 비판해 왔다.

그러던 2009년 1월 어느 날, 이례적인 사건이 발생했다. 대한민국 정부가 일개 학자의 문제제기를 받아들여 공식 수정한 사건이다. 국토해양부는 이어도의 중국 기점을 퉁다오에서 서산다오로 변경한 사실을 공식 확인한 것이다. 외교통상부도 이를 토대로 해외 공관의 지도에 이어도 기점을 변경했다.

그해 3월 14일 국토해양부 산하 국립해

23-2 중국 측 이어도 기점 서산다오의 해군기지(좌상), 서산다오 기점 표지석(중), 퉁다오에서 서산다오로 바뀐 이어도 기점 변화도(우하).

양조사원은 홈페이지에 게시돼 있는 이어도의 중국 측 기점을 이어도에서 287㎞ 떨어진 서산다오로 변경한 사실을 언론에 공개했다. 당초 이어도에서 245㎞ 떨어진 퉁다오를 기점으로 한 것에서 42㎞ 더 멀어진 것이다. 네이버 백과사전도 이어도의 중국 측 기점을 서산다오로 시정하였다.

이에 나는 우리 정부가 이미 실효적으로 지배하고 있는 이어도에 대한 그간의 잘못된 표기를 인정하고 받아들여 이어도 기점의 수정을 공식 발표하면서 한국 측이 가진 이어도에 대한 권리를 더욱 강화할 수 있게 되었다고 환영의 뜻을 표한 바 있다.*

이처럼 이어도 중국 측 기점을 정부 차원에서 공식 시정하고 언론이 공개한 지 몇 년이 흘렀는데도, 우리 대다수 매체는 계속 틀린 표시를 고집하고 있는 이유를 도대체 알 수 없다. (서산다오로 올바르게 표기한 우리 매체는 《데일리안》, 《서울신문》 등 5개에 불과하다.) 2011년에만도 세 번째 부탁했다. 빠른 시정을 촉구한다.

전삼후일, 중국식 선전포고

그렇다면 왜 중국이 중국답지 않게 이어도에서 42㎞나 후퇴하는 손해를 감수하고 서산다오로 기점을 옮겼을까? 중국이 기점을 바꾼 이유에 대해 공식적으로 나온 자료는 없지만 이렇게 분석된다. 우선, 국제법 위반에 따른 비난을 회피하기 위해서라고 생각할 수 있다. 국제법에 따르면 무인 바위섬을 기점으로 삼을 수는 없다.

도서와 관련한 해양경계획정에서 최우선 고려해야 할 원칙은 해양법협약 제121조 3항이다. 이 조항에는 "사람이 지속적으로 거주하거나 자체 경제생활이 불가능한 바위섬(rocks)은 배타적 경제수역 또는 대륙붕을 가질 수 없다"고 규정되어 있다. 그런데 중국이 1996년에 선포한 49개 기점 중 제12번 기점 퉁다오는 바다 한가운데의 아주 작은 바위섬이다. 이를 제11번 기점 서산다오로 변경해도 42㎞ 정도 후퇴하는 것이고 그래도 200해리 안에는 포함돼 있으니, 명색이 유엔 안보리 상임이사국인데 군이 국제법까지 위반해 가며 무리수를 둘 필요는 없다고 판단한 듯하다.

• 《데일리안》, 《연합뉴스》, 《국민일보》, 《세계일보》 2009년 4월 14일, 15일 기사 및 칼럼 참조.

그런데 왜 하필 중국의 49개 기점 중에 유일하게 해군기지가 있는 섬, 서산다오로 옮겼을까? 그것은 바로 전삼후일(前三後一), 3보 전진을 위한 1보 후퇴 전략이다. 전삼후일은 사자가 먹이를 노릴 때 세 발은 앞으로 향해 있고 한 발은 뒤로 버티고 서 있는 자세를 두고 하는 말이다. 사자는 뒤로 뻗어 있는 한 발 때문에 힘을 크게 낼 수 있는 것이다.

중국이 본격적으로 우리나라 이어도에 대해 트집을 잡기 시작하던 무렵인, 2005년 11월 1일 중국 해군은 서산다오에 중국 기점의 표지석을 설치하였다. 한번 결정하면 좀처럼 변경하지 않고, 한번 물면 절대 놓지 않는 중국 정책 결정 및 집행 특성상 매우 이례적인 행태이다.

중국의 해군기지가 있는 서산다오로의 기점 이전은 조만간 이어도를 무력으로 점령하겠다는 암시다. 자신의 다음 행보를 쉽게 알아차리게 하는 면에서 본다면 암시보다는 명시 행위에 가깝다. 아니, 암시도 명시도 아니다. 정확한 공격 시기만을 감춘 중국식 선전포고이다.

돌발 점령의 세계 챔피언

중국의 이어도 점령 가능성은 얼마나 클까? 내가 판단하기엔 우리가 앞으로도 계속 허점을 노출하고 저자세 미봉책으로 일관한다면 중국의 제주–이어도 해역 침탈은 시간문제이다. 이에 혹자는 "설마 우리나라의 최대 무역상대국인 중국이 이어도를 무력으로 점령하랴, 쓸데없는 기우는 금물이다" 하면서 "태평성대인 지금, 국민을 불안하게 하는 그런 요설을 함부로 퍼뜨리지 마라"라고 비난할 수도 있다. 그러나 중국의 휘황한 전과 기록을 훑어보면 금방 입을 다물게 될 것이다. 어금니도 꽉 깨물게 될 것이다.

돌발 점령의 세계 챔피언은 중국이다. 1974년 1월, 중국은 선전포고 없이 서사군도를 전격 점령했다. 당시 같은 공산국가 월맹이 '어어~' 할 새도 없이 순식간에. 또한 개혁개방과 경제건설의 총설계사 덩샤오핑이 평화로운 국제환경 조성을 강조하던 1987년 3월, 남사군도를 베트남이 '헉!' 하고 비명 지를 틈도 없이 통째로 꿀꺽 삼켜버렸다. 지금껏 베트남 동부해역 거의 전부가 중국의 뱃속에서 삭혀지게 되었다.

이어도의 중국 기점이 변화한 사실과 의미는커녕 정확한 기점 자체도 모를 만큼 우리의 취약한 해양영토 의식으로 미루어 짐작하건대, 설령 중국이 어느 날 이어도를 꿀꺽한 후 시치미를 떼는 일이 발생하더라도 "그까짓 암초와 암초 위의 시설물 하나 때문에 중국과의 관계를 악화시킬 수 없다"고 충고하는 우리 지도층 인사의 수도 적지 않을 것 같다. 이것이 바로 중국에게 이어도 침략의 동기를 부여하는 가장 큰 요인이라는 생각이다.

문제는 주변 강대국의 망언과 망동에 대한 우리 정부의 패배주의에 기반한 일관된 저자세이다. 노골적인 도발에 대해 제대로 된 보복조치는커녕 정당한 원칙 주장조차도 손에 꼽기 힘들 정도이다. 이에 대해 더 자세한 설명을 하자니 가슴속 울화가 치밀어 이만 생략하고자 한다. 이름을 대면 알 만한 지인도 "군사 초강대국 중국이 항공모함 전단을 동원하여 이어도를 드시겠다는데 뭐라 할 수 있겠어요, 약소국이 참아야지" 하고 정색하며 말하는 데 할 말을 잃을 지경이었다.

류큐군도에 대한 중국의 무력 점령은 일본이 재기 불능의 빈사 상태에 빠지지 않는 한, 오키나와에 미군을 주둔시킬 수 없을 만큼 미국의 힘이 쇠락하지 않는 한, 가까운 장래에 발생할 가능성은 거의 없다. 중국은 당

23-3 한국의 중심, 세계의 중심 제주도. 해군기지 없는 제주도는 모자 없는 돌하르방. ⓒ강효백 교수팀.

분간 '류큐공정'을 은근하면서도 치밀하게 전개할 것이다. 그래서 부담스런 두 강자, 미-일이 스크럼을 짜듯 지키고 있는 갈비짝(류큐)을 넘보기 전에 만만한 약자, 한국의 발끝에 내팽개쳐 있는 포크(이어도)를 빼앗으려고 할 것이다. 다시 말해 중국은 이어도로 간을 보려고 할 수 있다. 이어도 점령으로써 한-미-일 동맹의 견고성을 시험할 수 있다는 말이다.

올해 10월부터 출범하는 시진핑*을 핵심으로 하는 중국 제5세대 지도층의 최고 목표는 명실상부하게 미국과 어깨를 나란히 하는 초강대국 중국의 실현이다. 현재 미국과 견주어 중국이 손색이 있는 부분은 전 세계

• 차세대 최고지도자 시진핑 현 국가부주석이 저장성에서 당서기를 5년 넘게 역임한 바 있다는 사실을 유념해야 할 것이다. 중국 동해함대 사령부가 위치한 저장 성(닝보, 寧波)은 류큐군도를 마주보며 제주-이어도 해역으로 나가는 출발선상에 놓여 있기 때문이다.

해군력의 90%를 장악하고 있는, 미국의 막강 해군력이다. 그리하여 새로운 해양 제국주의로 나아가는 대장정의 출발선상에서 중국은 워밍업 최적 대상으로 이어도를 선정할 수 있다.

류큐공정은 한마디로 나무 한 그루(센카쿠) 뽑아가려고 끙끙대던 중국이 일본 해양영토의 30%에 달하는 숲 전체(류큐)를 몽땅 먹어버리려는 계획이다. 이러한 중국의 야욕이 센카쿠에서 류큐로 팽창되듯, 이어도에서 제주도로 번질 가능성은 전혀 없을까?

우리나라가 제주도 해군기지 건설 등 긴요한 대응조치를 하지 않고 미봉책으로 차일피일 미룬다면, 이어도의 중국 기점을 오히려 중국 측에 유리하게끔 오기하는 등 자책성 오류를 계속 범한다면, 중국의 제주-이어도 해역 침탈 가능성은 개연성으로 변할 것이다. 중국이 "제주-이어도 뺏기가 제일 쉬웠어요"라며 의기양양해 하는 꼴을 볼 날도 멀지 않을 것이다.

"제주도 해군기지 건설 말라" 주제 넘은 중국의 망언

《환구시보》는 9월 6일 랴오닝 성 사회과학원 변강연구소 뤼차오(呂超) 소장의 "제주해군기지가 건설되면 중국 관광객이 제주도 관광을 거부해야 한다"는 칼럼을 실었다. 동북공정 전문가로 유명한 뤼 소장은 한국 정부가 제주해군기지 건설을 강행하는 데에는 이어도 문제와 관련해 우위를 점하려는 의도가 있다고 주장했다.

그는 "제주해군기지가 건설되면 정기적으로 군함 등을 동원해 이어도 정찰 활동을 벌일 것"이라고 우려했다. 뤼는 이어 "제주도에 매년 수십만 명의 중국 관광객이 찾고 있고 일부 투자도 이뤄지고 있다"며 "한국 정부가 '중국인들의 마음'을 전혀 염두에 두지 않는 점을 직시하고 제주도 관광을 거부해야 한다'고 선동했다.

참으로 오만방자하고 주제넘은 내정간섭성 망언이 아닐 수 없다. 비록 전문가의 칼럼이라는 형식을 빌렸지만 타국의 국방 문제까지 간여하는 내용이, 중국공산당과 중앙정부의 대외 관련 대변인과 같은 역할을 수행하고 있는 《환구시보》에 실렸다는 사실은 단순한 해프닝이 아니다. 결코 간과할 수 없는 일대 사건이다. 하지만 한편으로 고맙다. 중국이 한국을 얼마나 얕잡아 보고 있는지, 영토 침탈 야욕의 범위가 얼마나 광활한 것인지, 그런 '중국인들의 마음'을 재확인하는 계기가 되어 참 고맙다.

이에 나는 몇 마디 묻고자 한다. "중국은 무슨 의도로 제주−이어도 해역을 겨냥하는 해군전용기지를 이어도의 중국 기점인 상하이 서산다오를 비롯하여 5군데나 세웠는가? 중국 경비정은 시도 때도 없이 이어도에 몰려와 '이어도는 중국 영해'라고 억지소리하며 윽박지르는데 한국은 왜 제주도에 해군기지 하나 건설하면 안 되고 이어도를 지키는 군함도 보내서는 안 되는가?

제주도의 자매결연지자체이자 한국 관광객들이 많이 찾는 하이난에는 중대형 해군기지가 4개나 있는데, 그도 모자라 항공모함 전단을 수용하는 초대형 해군기지는 왜 신설하려 하는가? 또 하이난 산야(三亞)를 사령부로 하는 제4함대는 무슨 목적으로 창설하려 하는가? 어떤 한국의 중국 전문가가 이어도를 겨냥한 중국 내 해군기지를 모두 철거하고 하이난의 초대형 해군기지 건설과 제4함대 창설을 중단하라고 요구하며 이를 중국이 받아들이지 않을 경우 한국인의 중국 관광을 거부해야 한다고 주장한다면 어떻게 반응하겠는가?

앞서 언급한 중국의 방약무도하고 속 보이는 칼럼이 발표되자, 더욱 한심한 사태가 발생했다. 평화와 환경보호 등 황당한 논거를 내세워 여론의 몰매를 맞았던 국내의 해군기지 건설 반대론자들은 천군만마를 얻은 듯 맞장구를 치며 목소리를 다시 높이기 시작한 것이다.

평소 나는 중국 관광객들에게 제주도에 해군기지 하나 없다는 사실이 알려질까 두려웠는데, 이제는 국내의 이런 맞장구쟁이들이 더 두렵다. 이런 이유로 반대한다면 우리나라에 관광객이 오지 않는다고 대한민국 육·해·공군은 전부 없애버려야 한다는 말과 무엇이 다른가.

해군기지 없는 제주도는 모자 없는 돌하르방

"군대생활은 주로 어디서 했나요?" 지난 학기 초 나는 병역을 마치고 갓 복학한 한 학생에게 물어보았다. 그는 겸연쩍은 표정으로 "최전방 철책선에서 복무한 친구들에게는 좀 미안한 곳인데요, 최후방인 제주도 해안초소에서 보냈습니다"라고 답했다.

"제주도 해안이 어째서 최후방인가? 우리나라 해양영토의 최전방 아닌가!"

"……"

대한민국 남부전선의 최전방은 제주도이다. 우리나라 지도를 180도 뒤집어 보면 제주도는 머리에 해당한다. 변변한 해군전용기지 하나 없는 제주도는 모자를 벗은 채 서 있는 돌하르방 같다.

세계 최대의 대륙과 세계 최대의 바다 태평양이 마주치는 접점에 위치한 대한민국, 그 대한민국이 실효적으로 지배하고 있는 남한(관할 해양 포함)의 지리적 중심은 제주도이다. 이를 달리 말하자면 해양의 시대, 21

세기 세계 전략적, 경제적 중심은 서태평양이다. 서태평양의 중심은 한국이며 한국의 중심은 제주도이다. 즉, 서태평양 시대 제주도는 한국의 중심이자 세계의 중심이라고 할 수 있다.

국제사회에는 영원한 우방국도 적성국도 없다. 대한민국이 명실상부한 세계 중심국가로 우뚝 서기 위해서는 북쪽의 방위에만 다 걸기 하고 동쪽과 서쪽, 특히 남쪽의 국방에는 빈틈을 보여서는 안 된다. 우리의 우방이자 라이벌인 종합 국력 세계 2, 3위의 중국, 일본 등 주변 강대국과의 전방위 안보에도 만전을 기해야 할 것이다. 그러나 호랑이 모양의 국토에 걸맞지 않게 우리나라의 국방태세는 한 마리 악어를 보는 듯하다. 북쪽의 등 부분(휴전선)은 두꺼운 가죽으로 덮고 있으나 남쪽의 복부 부분(제주-이어도 해역)은 연한 피부 재질로 취약하기 이를 데 없다.

제주도 면적의 3분의 1에 불과하지만 아시아 제1부국인 싱가포르는 구축함과 호위함, 잠수함 등 30여 척의 각종 전함들로 중무장한 해군전용기지를 보유하고 있다. 싱가포르보다 수백 배, 수천 배 넓은 인도네시아와 말레이시아 등 주변의 대국들이 싱가포르를 집적거릴 엄두도 내지 못하고 경외의 눈길만을 보내고 있는 이유이다. 이러한 '해운입국 = 관광대국 = 해군강국' 싱가포르의 성공 사례는 제주해군기지 건설 문제로 갈팡질팡하는 우리에게 시사하는 바가 크다.

무역의존도가 85%인 우리나라의 무역 물동량 중 99.8%가 해상을 통해 이뤄지고, 대부분 제주-이어도 해역을 통과한다. 무역입국 한국에 안전한 바닷길은 필수이다. 제주도 해군기지 건설은 한국의 중심이자 세계의 중심 제주-이어도 해역을 방위하기 위한 최소한의 조치다. 우리나라 무역의 남대문이자 남부전선의 최전방인 제주도에서 대한민국 무적함대가 웅

혼한 기상으로 발진하는 일은 하루빨리 현실화되어야 한다.

23-4 국제해양법상 해역별 성격·범위·관할권 대조표

구분	성격	범위	관할권		제한
내해 (Internal Waters)	주권	만구(灣口) 폭: 24해리	1. 영토와 똑같은 권한 2. 무해통항권 불인정 * 내해가 국제교통의 요로일 경우에 외국선에 대한 무해통항권 인정.		1. 재판관할권 ① 민사사건: 연안국에 귀속 ② 형사사건: 기국의 관할권이 미침 2. 내륙국가: 통과권 가짐.
군도수역 (Achipelagic Waters)	주권	군도기선 길이 100~125해리·군도수역 내의 수역, 상부공역, 해저와 하층토 및 이에 포함된 자원에 대해 주권을 행사	내수와 영해의 중간 형태		1. 외국선의 무해통항권 인정 2. 기존협정, 어업권의 존중
영해 (Territorial Seas)	주권	12해리	1. 경찰권 2. 어업권 3. 연안무역권 4. 환경보호·보존권 5. 해양과학 조사권		1. 외국선의 무해통항권 인정 2. 재판관할권 행사의 제한 3. 타국에 대한 해저전선, 관선부설권 보장
접속수역 (Contiguous Zone)	특정 사항의 연안국 관할권	24해리	1. 관세 2. 재정 3. 출입국 4. 위생		상기 4개 특정사항 외에는 연안국 관할권 불인정
배타적 경제수역 (EEZ)	주권적 권리	200해리 상부수역, 수중, 해저 및 海床, 하층토	1. 주권적 권리 ① 생물·비생물자원이용·보조권 ② 수역의 경제적 이용권	2. 관할권 ① 인공구조물 ② 해양환경보존 ③ 해양과학조사	1. 항행의 자유 인정 2. 타국의 해저관선 및 관선부설의 자유 방해하지 못함 3. 공해규정의 적용 인정 *선언을 요함, 실효적인 점유나 관리를 요함
대륙붕 (Continental Shelf)	주권적 권리	200해리~350해리 海床, 하층토	1. 천연자원의 개발탐사권 2. 인공도 설치 3. 천연자원의 탐사개발을 위해 대륙붕의 착공, 굴착할 권리 4. 해양환경보존 5. 해양과학조사		1. 항행의 자유 인정 2. 타국의 해저관선 및 관선부설의 자유 방해하지 못함 3. 공해규정의 적용 인정 *선언 요하지 않음, 실효적인 점유나 관리를 요하는 것이 아님
공해 (High Seas)	국제 공역	내해, 군도수역, 영해, 배타적경제수역에 포함되지 않는 해양의 모든 부분	I. 귀속으로부터의 자유	II. 사용의 자유 1. 항행 　무역자유 포함함 2. 어업 3. 해저전선 및 관선부설 4. 상공비행 5. 과학적 조사	1. 금지행위 ① 타국 국기 계양 ② 노예 수송 ③ 해적 행위 ④ 마약 불법수송 ⑤ 불법방송 2. 임검권 3. 추적권 4. 선박충돌 재판관할권

참고문헌 ★✦✧

★ 강효백, 『동양스승, 서양제자』, 서울: 예전사, 1992.

★ ─, 『협객의 나라 중국』, 서울: 한길사, 2002.

★ ─, 『창제- 법률과 창조의 결혼』, 서울: 한국학술정보, 2010.

★ ─, "윤봉길의사 연행시 사진진위 문제", 『중국학연구』, 제2권-제1호, 2001.

★ ─, "한중해양 경계획정 문제: 이어도를 중심으로", 『한국동북아논총』, 제50집, 2010.

★ 국립제주박물관, 『탐라와 유구왕국』, 제주: 국립제주박물관, 2007.

★ 권태혁, 『일본의 불안을 읽는다』, 서울: 교양인, 2010.

★ 김부찬 외, 『오키나와와 평화』, 서울: 보고사, 2007.

★ 김영구, 『한국과 바다의 국제법』, 서울: 효성출판사, 1998.

★ 김용삼, 『조선왕조실록』, 서울: 월간조선사, 2004.

★ 담운, 『21세기 슈퍼홍길동』, 서울: 어울림출판사, 2011.

★ 동북아역사재단, 『일본의 전쟁기억과 평화기념관』, 서울: 동북아역사재단, 2011.

★ 박윤숙, 『오키나와』, 서울: 시공사, 2010.

★ 설성경, 『홍길동전의 비밀』, 서울: 서울대학교출판부, 2004.

★ ─, 『실존인물 홍길동』, 서울: 중앙M&b, 1998.

★ 이병조·이중범, 『국제법 신강』, 서울: 일조각, 1996.

★ 이정태, "중국의 해양영토 귀속판단", 『한국동북아논총』, 제44집, 2007.

★ 이창위, 『일본제국흥망사』, 서울: 궁리, 2005.

★ 정갑용, "한반도 주변 해양경계에 관한 연구", 『해양전략』, 제20호, 2003.

★ 정근식·전경수·이지원, 『경계의 섬, 오키나와』, 서울: 논형, 2008.

★ ─, 『기지의 섬, 오키나와』, 서울: 논형, 2008.

★ 정호수, 『세상을 바꾼 협상 이야기』, 서울: 발해그후, 2008.

★ 제프리틸·유석준, 『한국해양전략 현안과 발전』, 서울: 한국해양전략연구소, 2011.

★ 조현주, 『오늘의 일본 내일의 일본』, 서울: 장문산, 2003.

★ 최원식 외, 『키워드로 읽는 동아시아』, 서울: 이매진, 2011.

★ 최종화, 『현대국제해양법』, 서울: 도서출판 두남, 2005.

★ 하우봉, 『조선과 유구』, 서울: 아르케, 1999.

★ 한국민족운동사학회, 『의열투쟁과 한국독립운동』, 서울: 국학자료원, 2003.

★ 한국해양전략연구소, 『중국해군의 증강과 한미해군협력』, 서울: 한국해양전략연구소, 2009.

★ 대한민국 국방부 http://www.mnd.go.kr/

★ 대한민국 국토해양부 http://www.mltm.go.kr/

★ 대한민국 영토 이어도 http://www.ieodo.or.kr/

★ 대한민국 해군 http://www.navy.mil.kr/

★ 독도본부 http://www.dokdocenter.org/

★ 종합해양과학기지−이어도 http://ieodo.nori.go.kr/

★ 高良創吉, 『琉球王國』, 東京: 岩波書店, 1993.

★ 高之國, 『海洋國策研究文集』, 北京: 海軍出版社, 2007.

★ 高之國·張海文, "關于韓國, 日本經營蘇岩礁和" 冲之島 "礁對我形成戰略威脅的思慮和建議", 『海洋國策研究』, 國家海洋局 海洋發展戰略研究所, 2007.

★ 辜鴻銘, 『中國人的精神』, 海口: 海南出版社, 1996.

★ 嵯德珪, 『大國日本與中日關係』, 上海: 上海新世紀出版社, 2010. 劉江永, 『中日關係二十講』, 北京: 中國人民大學出版社, 2009.

★ 劉志剛, 『航母破解』, 北京: 中國兵器工業出版社, 2011.

★ 李健, 『中國九次說不』, 北京: 當代世界出版社, 1999.

★ 李明春, 『海洋權益 中國崛起』, 北京: 海軍出版社, 2007.

★ 李敏, 『我的父親毛澤東』, 沈陽: 遼寧人民出版社, 2000.

★ 李宗南, 『中國大趨勢 CHINA'S MEGATRENDS』, 北京: 中華工商聯合出版社, 2011.

★ 李海清·陳紅, 『走向海洋』, 北京: 海軍出版社, 2011.

★ 馬英杰·田其云, 『海洋資源法律研究』, 淸島: 中國海洋大學出版社, 2006.

★ 米慶余, 『琉球歷史研究』, 天津: 天津人民出版社, 1998.

★ 富山一郎, 『戰爭の記憶』, 東京: 日本經濟評論社, 2001.

★ 比嘉康文, 『冲繩獨立の系譜』, 那覇: 琉球新報社, 2004.

★ 謝必震, 胡新, 『中琉關係史料與研究』, 北京: 海軍出版社, 2010.

★ 上村忠男, 『冲繩の記憶/日本の歷史』, 東京: 未来社, 2002. 西川長夫, 『新植民地主義論』, 東京: 平凡社, 2006.

★ 時殷弘, 『中國對外戰略思考』, 北京: 中國人民大學出版社, 2008.

★ 新崎盛暉, 『冲繩現代史』, 東京: 岩波書店, 2005.

★ 黎明, 『中國的危機』, 北京: 改革出版社, 1998.

★ 袁永松, 『鄧小平傳』, 北京: 紅旗出版社, 1997.

★ 張世平, 『中國海權』, 北京: 人民日報出版社, 2010.

★ 張召忠, 『走向深藍』, 廣州: 廣東經濟出版社, 2011.

★ 張維爲, 『中國震撼』, 上海: 上海人民出版社, 2011.

★ 張曉愛, 『紅旗飄飄』, 南京: 江蘇文藝出版社, 2001.

★ 井上淸, 『釣魚島』, 北京: 中國社會科學出版社, 1997.

★ 鄭永年, 『中國國際命運』, 杭州: 浙江人民出版社, 2011.

★ 朱鋒, 『國際關係理論與東亞安全』, 北京: 中國人民大學出版社, 2009.

★ 竹中勞, 『琉球共和國』, 京都: 筑薇書房, 2002.

★ 中國國家地理, 『中國海洋特輯』, 北京: 中國國家地理出版社, 2010.

★ 秦瑞祥, 『中國偉人傳』, 台北: 文國書局, 1992.

★ 陳傳明, 『中美海上衝突論』, 北京: 現代艦船出版社, 2011.

★ 何慈毅, 『明清時期琉球日本關系史』, 南京: 江蘇古籍出版社, 2002.

★ 胡德坤, 『戰時中國對日本政策研究』, 北京: 社會科學文獻出版社, 2010. 湖北人民出版社, 『中國文化知識精華』, 武漢: 湖北人民出版社, 2001.

★ 黃修榮, 『崛起與輝煌』, 北京: 解放軍文藝出版社, 1999.

★ 琉球共和國獨立運動 http://www.bekkoame.ne.jp/

★ 百度 http://www.baidu.com/

★ 百度圖片 http://image.baidu.com/

★ 日本國 防衛省 http://www.mod.go.jp/

★ 日本國 海上自衛隊 http://www.mod.go.jp/msdf/

★ 中華人民共和國 國防部 http://www.mod.gov.cn/

★ 中華人民共和國 國土資源部 http://www.mlr.gov.cn/

★ 中華人民共和國 國家海洋局 http://www.soa.gov.cn/

★ 中國軍網 http://www.chinamil.com.cn/

★ 中國海洋信息網 http://www.coi.gov.cn/

★ 冲の鳥島 http://homepage2.nifty.com/shot/okinotori.htm/

★ Bateman, Sam. *Economic growth, marine resources and naval arms in East Asia*, Maine Policy, vol.22, 1988.

★ Hodgson, Robert D. *Island: Normal and Special Circumstances*, U.S. Department of State Research Study GRE-3 1973.

★ Hook, Glenn D. and Siddle, Richard. *Introduction: Japan? Structure and Subjectivity in Okinawa*, London and New York: Routledge Curzon, 2003.

★ Johnston, Douglas M. *The theory and history of ocean boundary-making*, McGill-Queen's University Press, 1988.

★ Seager, Robert. *Alfred Thayer Mahan: The Man and his Letters*. Annapolis, Maryland Naval Institute press. 1977.

★ Sheehan, Michael. *The Balance of power; History and Theory*, London: Routledge, 1996

★ Terrill, Ross. *Mao: A Biography*, Stanford University Press, 1999.

★ International Tribunal for the Law of the Sea : http://www.itlos.org/

★ International Hydrographic Organization : http://www.iho.org/

★ United Nations : http://www.un.org/

도표 출처 ★

1–1 강효백, '좁은 중국 넓은 일본'《동양스승, 서양제자》, 예전사, 1992년, p291 참조 재작성

1–2 http://image.baidu.com/i?ct=503316480&z=0&tn=baiduimagedetail&word

1–3 Sam Bateman, "Economic growth, marine resources and naval arms in East Asia", Maine Policy, vol.22,1998, pp.4-5

2–2 http://image.baidu.com/i?ct=503316480&z=0&tn=baiduimagedetail&word=%D6%D0%B9%FA%BA%A3%D3%F2%B5%D8%CD%BC&in=

3–2 http://image.baidu.com/

4–2 http://news.jschina.com.cn/china/200909/t178518.shtml

5–1 http://image.baidu.com/

5–2 http://wapedia.mobi/zh/%E7%90%89%E7%90%83%E5%9B%BD?t=2.7

5–3 http://image.baidu.com/

5–4 http://commons.wikimedia.org/wiki/File:Flag_of_the_Ryukyu_Kingdom.svg?uselang=zh

6–1 http://image.baidu.com/

7–1 http://image.baidu.com/

7–2 http://image.baidu.com/

12–1 http://image.baidu.com/

12–2 1990년대 중반 상하이에서 수집, 소장중인 CD롬 자료

12–3 〈中國國家地理〉 2010. 10. 總600卷, 中國海洋 特輯珍藏版, 속지에서 스캔.

14–2 http://image.baidu.com/

14–3 http://image.baidu.com/

17–3 강효백 교수 자료 제공. 《국민일보》, 2009. 4. 14.

18–1 http://blog.naver.com/solhanna?Redirect=Log&logNo=80010346647

18–2 http://blog.naver.com/solhanna?Redirect=

18–3 http://cafe.naver.com/secretofisland/25

19–1 http://cafe.naver.com/secretofisland/25

20–1 《연합뉴스》, 2010. 10. 4.

21–2 http://str.chinaiiss.com/html/201010/28/wa3b30.

21–3 http://www.bekkoame.ne.jp/i/a-001/

22–2 http://image.baidu.com/

22–3 http://image.baidu.com/

23–1 http://image.baidu.com/